秘境駅で途方に暮れた

カベルナリア吉田

ナンバーワン秘境駅で驚いた

JR室蘭本線 小幌駅

東室蘭 13時56分⬇小幌 15時06分／15時50分⬇東室蘭 16時58分

東室蘭駅13時56分発、普通・長万部行き。1両編成の座席は大半が埋まり、学生が多い。ボックス席に座った女子学生が、カップアイスを食べ始める。虫が飛んできて、彼女はアイスのフタで追い払う。

「そこ座ろ、そこ！」

大家族が乗りこむ。祖父母と息子夫婦と、孫の少年と妹。最後の空席に彼らが座り、満席になった。でもまだ人が乗る。学生、子連れ主婦、サラリーマン。立ち客も多い中、列車は出発した。こんなに客が乗るなら、車両数を増やせばいいのに。

マンション、ホテル、車窓を市街風景が流れていく。車内で学生たちがガヤガヤと騒ぎ、大家族の父が「晩メシ何食べよっかー！」と大声で言う。

この列車は本当に、秘境駅に行くのだろうか。

JR室蘭本線は室蘭ー岩見沢を結んだ旧北海道炭礦鉄道と、東室蘭ー長万部を結んだ旧国鉄長輪《おさわ》線区間に大別される。国鉄長輪線は1923（大正12）年から順次開業して1931（昭和6）年に「室蘭本線」となった。途中の静狩ー礼文間は山が海岸に迫り、その間にある駅が、これから向かう小幌駅である。

普通列車の大半が通過する小幌駅に、停まる列車は少ない。上り長万部方面行きが1日4本、下り室蘭方面行きは、たった2本。

——ここ数年「秘境駅」という言葉を聞くようになった。山や森に囲まれ、駅に通じる道が脆弱で、たどり着くことさえ困難な駅。今や国内に数多くある秘境駅の中で「秘境度ナンバーワン」といわれるのが小幌駅だ。

俺は鉄道ファンじゃないので、小幌駅についてよく知らない。室蘭には別の仕事で来て、午後の時間が空いた。そして時刻表を見ると、滞在40分強で行って帰ってこられる列車がある。

じゃあ噂の「秘境駅」を見てみようか。ただそれだけで今、列車に揺られている。

車窓から街景色が消え、山が迫ってくる。

本輪西駅に着く。跨線橋が架かる簡素な駅で、駅前は住宅地だ。客がひとり降りる。

トンネルを抜けるたびに、緑が深くなっていく。崎守駅に着くと、ホームの壁が錆びついて、朽ち果てた印象。駅前に「ムロラン」地名発祥の坂が延びる。

さらにトンネルを抜けて、黄金駅へ。三角屋根のログハウス風駅舎。ここで列車交換。

続いて稀府《まれっぷ》駅、トンガリ屋根の駅舎。稀府を出ると車窓から家がなくなり、森と山が交互に続く。

ホームが海に面する北舟岡駅。大勢降りる。

特急が停まる伊達紋別駅。大勢降りる。

長和駅。またも三角屋根。

トンネルを抜けて有珠駅へ。駅前にはアイヌのために生涯を捧げた、バチラー夫妻を称える記念堂がある。

特急が停まる洞爺駅を経て、トンネルを抜けて豊浦駅へ。豊浦町の中心駅だが、周辺は寂れている。目指す小幌駅も豊浦町にある。

長いトンネルを抜けて大岸駅へ。緑が茂る中に、民家がポツポツと立っている。

礼文駅。駅前に山がそびえている。道北の島だけでなく「礼文」という名の街があるのだ。

車内に客は20人ほど、大家族もいる。車内にアナウンスが響く。

「次は～小幌～小幌～」

列車がガクンと速度を落とし「ピイイッ！」と警笛を鳴らす。窓の外を見ると——鹿だ！　森の木々をバッサバッサと揺らして駆けていく。

東室蘭を出て1時間超。俺は席を立った。するとほかのほぼ全ての客も、一斉に立ち上がった！


小幌駅のホームは短くて、列車2両分ほど。その両端に山が迫り、それぞれトンネルがある。山とトンネルに挟まれた隙間に、駅があるのだ。

駅は森に挟まれ、周辺に続く舗装道路はない。駅からどこかへ進む道も場所も見当たらない。

草むらに立つ電話ボックス風の小屋に「バイオトイレ」「物置」の看板。少し大きめの小屋は、函館電気所機器室。ホームの脇を川が流れていて「マムシに注意」と書かれた看板が見える。

小幌駅の両側に、上り下り各1本ずつ、計4本のトンネルが迫る。写真はそのうちの1本、礼文華山トンネル

長万部方面行きが「上り」で、列車は1日たった4本。秘境駅探訪は行き当たりばったりではなく、時刻を調べて計画立てて、無理と危険のないように行いたい

秘境駅はのどか、と油断してはいけない。突然の特急通過に、心臓が縮み上がる

駅前に広がる草原にポツンと立つ小屋は、片方の扉がバイオトイレ、片方が物置

ホームの背後に森と山が迫り、わずかな平地に駅があることを実感する

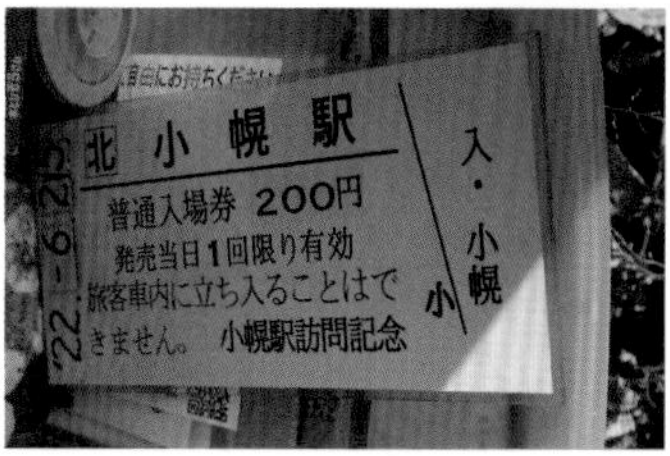

撮影用にパウチされた、大きな入場券。駅に「入場」するための改札口は、もちろんない

ホームのそばを川が流れ、川に向かって滝がなだれ込んでいる。滝の名前はわからない

ホームから階段を下りると、舗装道路ではなく草原に降り立つ。駅の周辺にアスファルトの「道路」は、一切見当たらない

確かに秘境だ。だが。

「お父さーん、コレだけなのお？」

大家族の少年の声が、駅前の森に響きわたった！

「何もないから秘境やねん！」「次の電車は？」「40分後や！」「そんなに待つのお？　死ぬーっ！」

声がでけーな。そして小さいホームに20人がひしめき、はじき出されて線路に落ちそうだ。

まさかほぼ全員が降りるとは。俺もそのひとりだから文句を言う筋合いはないが、落ち着かない。ここで録音アナウンスが響く。

「通過列車です。横断しないでください」

ゴオオオッ！　特急がホームにいる俺たちの前を豪速で通過した。ホームが狭いから怖いぞ！

貼り紙に「ホームが狭いため、三脚を使用しての写真撮影は危険です」と書いてあるのに、若い男がホームの真ん中に三脚を立てる。立てるな！

駅名標の近くに収納ケースが置かれ、駅ノートほかグッズが入っている。そこに20人が押し寄せ、巨大なパウチ硬券を持ち、自撮り棒を伸ばして自分と一緒にハイチーズ。すかさず撮影の行列ができ、スマホを渡し合って「お願いしていいですか？」みたいな状況になる。なんだかな！

あっという間に時間が過ぎた。折り返し列車は15時50分発、これを逃すと次は19時44分だ。マムシも出る秘境駅に、そんな時間までいられない。

「列車が参ります」とアナウンスが……流れたわけじゃなくて大家族の少年が声マネ！

父「ほな室蘭で、やきとり食べよか？」

息子「ええー、カレーがいい！」

列車は時刻通りに来て、小幌駅を出発した。


これは「駅」なのか？

小幌駅は１９４３（昭和18）年に、列車交換のための信号場として設置された。開設時は戦時中で、室蘭本線は戦争に必要な石炭などの物資輸送に利用され、列車の交換が必要になったのだ。

路線は山がちでトンネルが連続し、列車交換が難しい。そんな中でトンネルとトンネルに挟まれた平地を確保できることから、この場所に信号場が置かれた。併せて旅客の取り扱いも行われたが、けっして「近隣に住む人、働く人のために」設置された駅ではなかったのだ。

戦後の1967（昭和42）年に仮乗降場に昇格して、1987（昭和62）年の国鉄分割民営化に伴い「駅」になるが、もともと集落や施設がある場所ではない。トンネルに挟まれ、周辺に森が茂るだけの駅を、日常的に利用する人は皆無に近い。

2015（平成27）年にJR北海道は駅の廃止を検討するが、地元の豊浦町が観光資源として存続を求め、町が必要経費を負担することで駅は生き残った。ただし存続か否かは1年ごとに協議して決定する。2022（令和4）年度も無事に存続が決定したが、1年先のことは、まだ決まっていない。

廃止されかけた駅が「観光地」となり、再び人が集まるのは、いいことかもしれない。だがスマホで情報だけが拡散され、鉄道に興味がない人までワーッと集まってしまうと、秘境が秘境でなくなる。

小幌駅を訪ね「これは駅なのか？」と思った。

その場所に住み、またはその場所に用事があり、利用する人がいてこそ「駅」だ。利用者のために家と店が並び、街となり、街の拠点として駅がある。それが本来の、駅の姿だ。

観光スポットとして話題になり「映え」写真を撮る人でにぎわっても、その駅を日常的に使い続ける人がいるわけではない。それを駅と呼べるのか？

これが、秘境駅が生き残る道なのだろうか。

鉄道離れが進む日本には、多くの秘境駅がある。今は利用者がほとんどいなくても、駅を設置した時にはいたはずだ。

秘境駅を周ってみよう。最果ての旅情を味わいながら「日本のいま」を感じられそうだ。

「もしもしいっ！」

大家族の父が大声で、スマホで話し始める。

「室蘭のやきとり食べたいんやけどお。6人や！」

――小幌の秘境の余韻は、わずか数分で消えた。

Contents

※本書の取材は２０２２年６月から12月にかけて行いました。掲載の情報は特記以外、取材時のものです。
最新の情報は事前にご確認ください
※本書に記載された情報を利用した結果、なんらかのトラブル等が生じたとしても、筆者および出版社は一切の責任を負いません

本書に登場する秘境駅

南海高野線
上古沢駅、紀伊細川駅、紀伊神谷駅

JR室蘭本線
小幌駅

JR宗谷本線
［後編／稚内発着］
南幌延駅、雄信内駅、
糠南駅、下沼駅

JR宗谷本線
［前編／名寄発着］
塩狩駅、瑞穂駅、篋島駅、初野駅、
天塩川温泉駅、智北駅

JR羽越本線
折渡駅、女鹿駅、桂根駅

JR上越線
土合駅

三陸鉄道リアス線

一の渡駅、白井海岸駅

JR八戸線

有家駅

野岩鉄道

男鹿高原駅

会津鉄道

七ヶ岳登山口駅、塔のへつり駅、
大川ダム公園駅

JR奥羽本線

峠駅、大滝駅

箱根登山鉄道

塔ノ沢駅

小湊鉄道

飯給駅、上総鶴舞駅、上総久保駅

いすみ鉄道

久我原駅

JR飯田線

千代駅、田本駅、金野駅、為栗駅、
中井侍駅、小和田駅

JR芸備線

内名駅、道後山駅、備後落合駅

JR土讃線

坪尻駅、土佐北川駅、新改駅

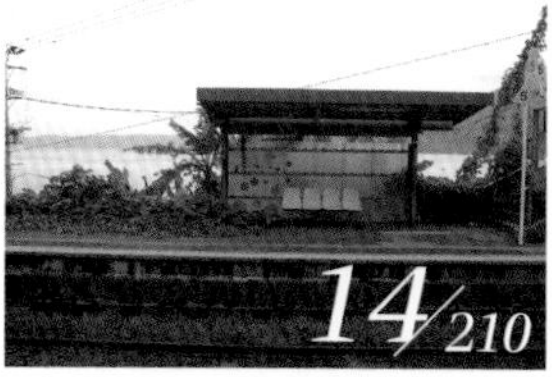

JR日豊本線

竜ヶ水駅、青井岳駅、宗太郎駅

JR肥薩線

表木山駅

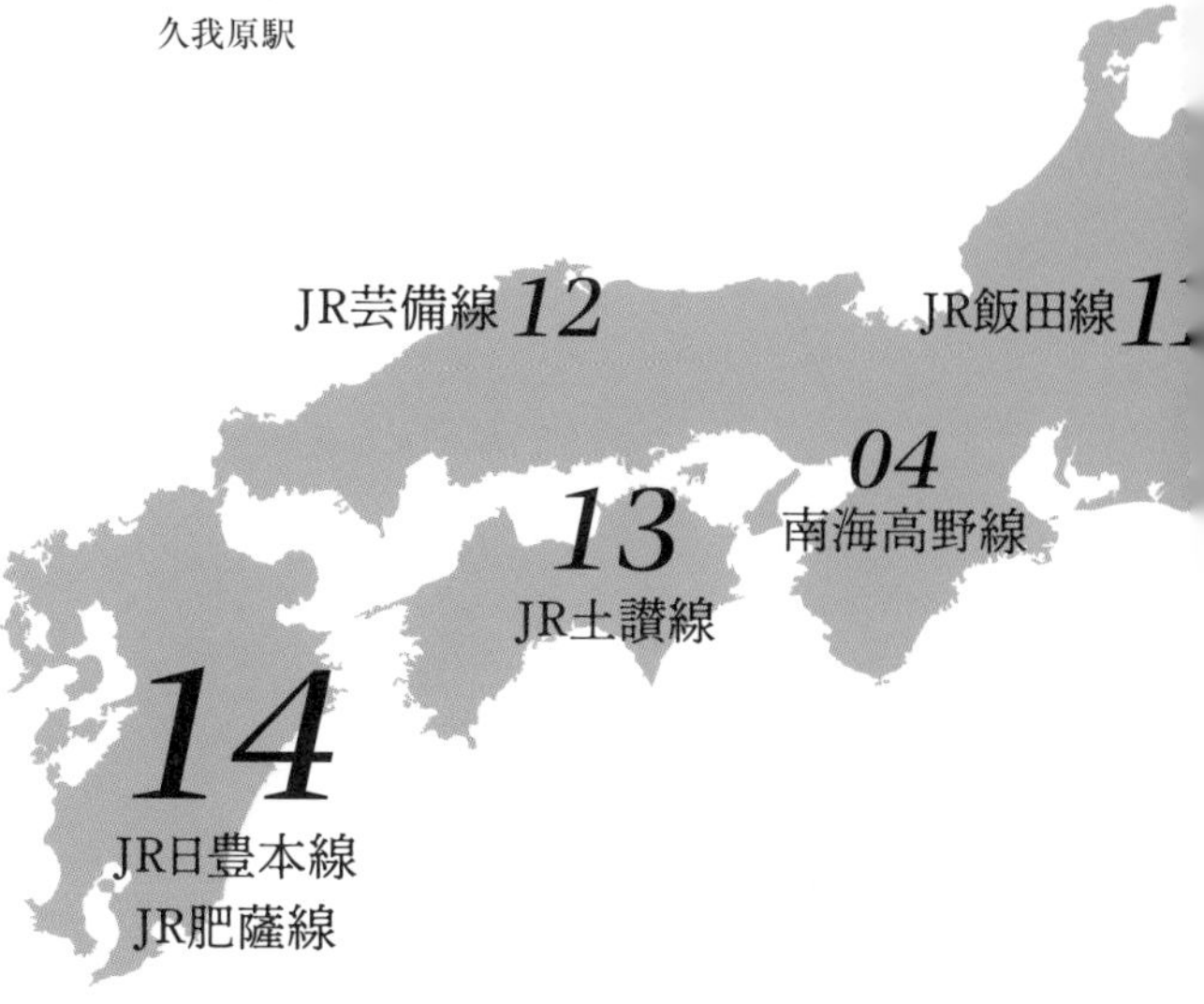

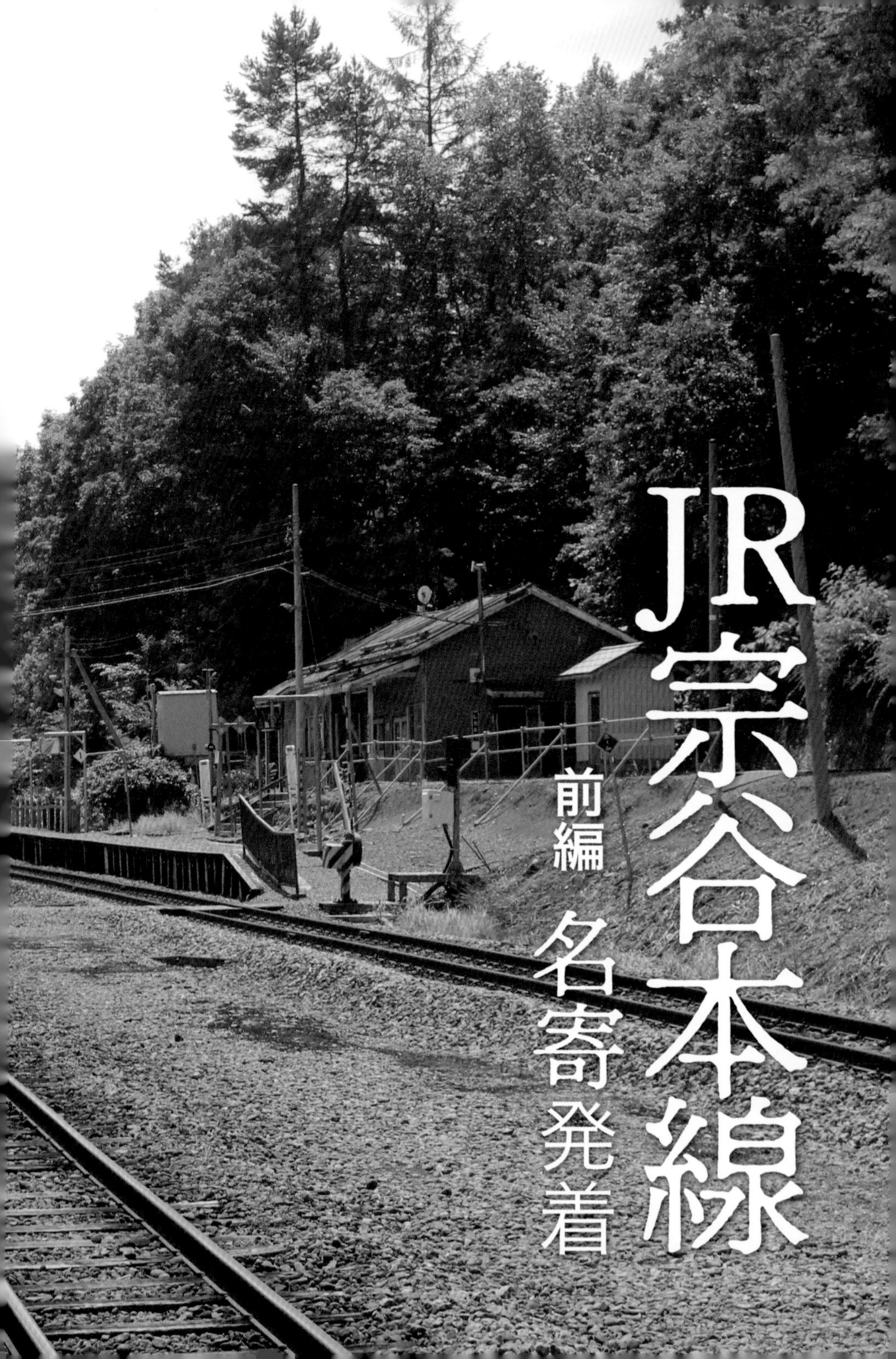

JR宗谷本線

前編　名寄発着

北海道そして日本の最北を通る
JR宗谷本線は、秘境駅の宝庫だ。
だが普通列車の本数が少なく、
律儀に列車だけで訪ねるのは
困難を極める。
車を使おうかとも思ったが、
鉄道駅に車で行くのは
邪道だと思い、
結局列車だけで
10駅を訪ねた。
まずは名寄発着の
旅からご紹介。

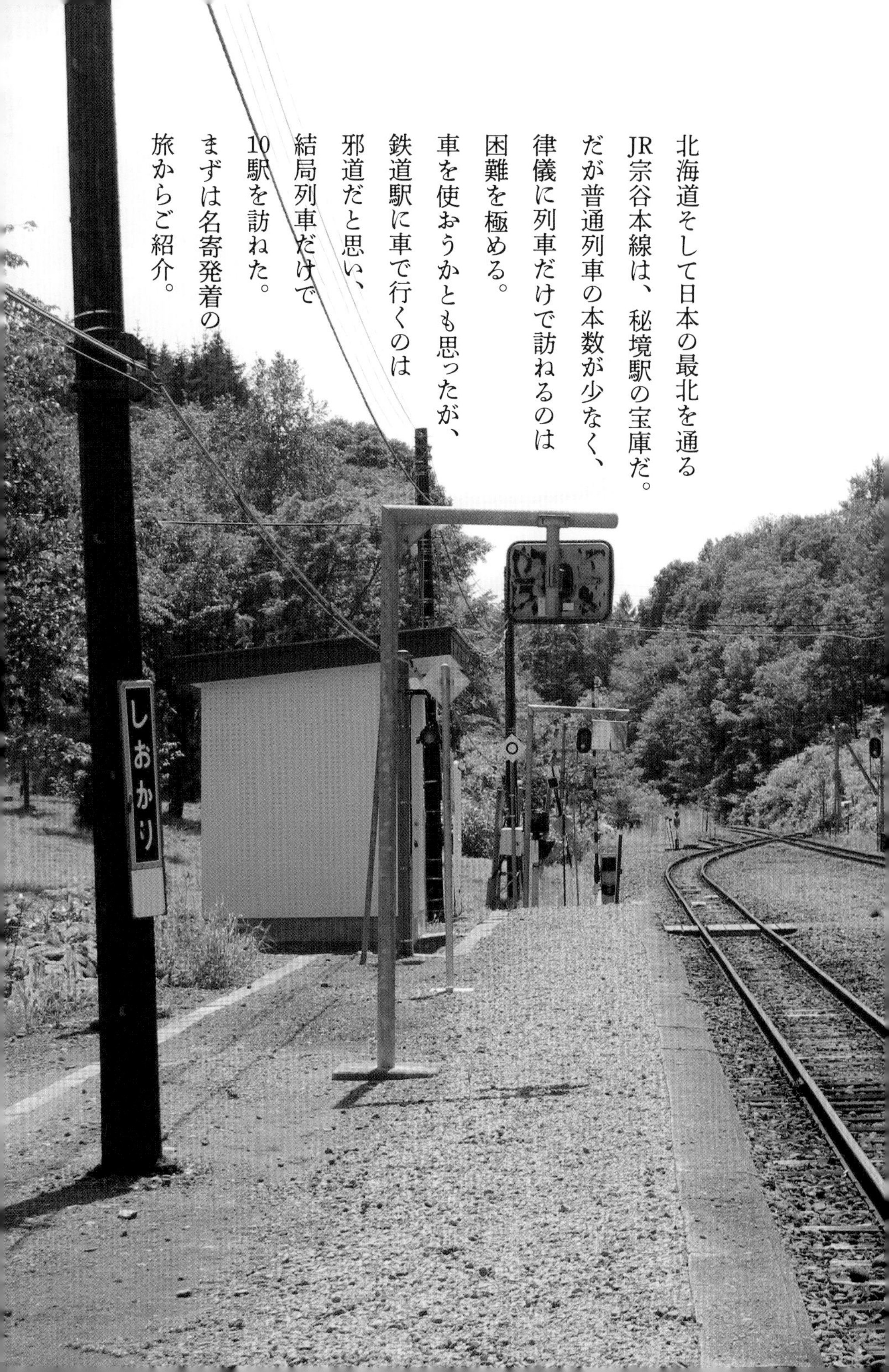

1日目

名寄 11時01分⬇**塩狩** 11時58分／14時40分⬇**瑞穂** 15時14分／17時39分⬇**多寄** 17時43分／17時57分⬇**名寄** 18時14分

北海道のヘソ・旭川と、道北の稚内を結ぶJR宗谷本線は、全長259・4㎞に及ぶ長大な路線だ。ほぼ全区間で国道40号と並走し、途中の一部区間は天塩川に沿っている。

戦時中は道北の木材や石炭を運ぶ、重要な貨物路線だった。またサハリン（樺太）への連絡鉄道でもあり、稚内からサハリンのコルサコフ（大泊）へ連絡船「稚泊航路」も運行していた。

だが大戦末期にソ連が南樺太を侵攻。稚泊航路の運航が止まり、路線は存在意義を失い、以後は斜陽化の一途をたどっている。列車本数も減り続けた。

鉄道離れが止まらない中で、ついに宗谷本線の存廃問題が浮上する。2016（平成28）年、JR北海道は「自社単独での維持が困難な路線」として、10路線13区間を発表。宗谷本線の北半分、名寄―稚内間も「維持のための費用が確保できない線区」とされ、存続の危機に瀕した。

協議の末、利用者が極端に少ない36駅については「維持か廃止か」駅が位置する自治体に判断が求められた。そして2021年春のダイヤ改正で12駅が廃止、17駅が地元自治体による維持管理に移行することとなった。

存廃ギリギリの瀬戸際に立つ、宗谷本線の秘境駅たち。首の皮1枚でつながった駅の周辺には、どんな風景が広がっているのか。

名寄から出発

赤い屋根の中央に丸時計がはめ込まれ、時計台のようだが、ここは札幌ではない。名寄駅に来た。

宗谷本線は訪ねたい秘境駅が多いが、特に名寄以北は普通列車の本数が極端に少ない。時刻表をにらんで考えた末、旅を名寄拠点と稚内拠点の2回に分けた。1日1～2駅ずつしか周れないが、秘境で急いでも仕方ない。ゆっくり周ろう。

というわけで名寄駅前。ハイヤー乗り場と、191 4年創業の古い食堂がある——おっ、札幌行きのバスが出る！　乗客は……ふたりだけか。

駅前アーケード商店街は閑散としている。最初に降りる塩狩駅で、昼メシ時間を迎える予定だが、秘境駅前に食堂や売店は期待できない。駅前スーパー「Qマート」で「トリテリタマサンド」を買う。

名寄11時01分発の上り普通・旭川行きに乗る。

1両編成、すでに4人がけボックス席に客がほぼひとりずつ座っている。俺も窓際の空席を確保。列車はエンジンをゴゴゴと唸らせ、出発した。

車窓左手の名寄公園に、排雪SL「キマロキ」が展示されている。次の名寄高校駅にすぐ着き、その次の風連駅で学生がひとり乗る。

その次は瑞穂駅——今日はここでも降りる予定だが、なんと小さな駅だろう。誰も乗降しないまま発車。鉄道好きらしい少年が「写ルンです」で、駅の写真を撮っている。

多寄駅。長い一本道をトラクターが走り抜ける。

士別駅。特急停車駅だけあって、駅前は市街地。

剣淵駅。ホームに「絵本の里」と書かれた看板。子どもが数人乗り、入れ替わりに数人降りる。

和寒駅。ここも特急停車駅。そして和寒を出発すると、左右の車窓に森が迫ってくる。

「次は～塩狩、塩狩です」

降りる。降りたのは俺だけだ。

塩狩　小説にも書かれた峠の駅

線路を挟み、互い違いに2面ホームが向かい合う「千鳥式ホーム」の駅。いま降りた旭川行きは数分停車し、下りの快速・名寄行きを待って交換。その様子を撮ろうと、カメラを構えていたら——。

駅前に車が停まり、高齢夫婦が降りて、バ●ーのほうが俺の前に立ちはだかり列車を撮影！　撮り終わると、すぐいなくなった。

秘境「駅」に車で来るな！　やはり駅は、鉄道で行かないと。車であっさり着いても「ああ、秘境だな」と思うだけで、何の感慨もないだろう。

交換を終えて列車が出発すると、静かになった。昼メシを食べよう。片側のホームに駅舎があり、隣にト

まずは名寄から旭川行きで南へ。宗谷本線の秘境駅は名寄以北に多いが、旭川－名寄間にも数駅ある

手入れの行き届いた、塩狩駅の待合室。ベンチに置かれた熊の形のクッションが、旅人を歓迎する

木板に筆書き風文字が刻まれた、塩狩駅の駅名標。最近はこんな、風情漂う駅名標を見ることも、少なくなった

塩狩駅の、何もないホーム。木の標柱が立ち、砂利を撒いたホームが、ただ延びるだけだ

赤い屋根、トンガリ部分に丸い時計、まるで昔の小学校のよう。名寄駅は道北屈指のターミナル駅だけあって、堂々とした風格を感じさせる

駅から徒歩数分で着く「駅前名所」塩狩峠記念館。『氷点』を読んだことがなくても歓迎されるので、どうぞご心配なく

上・塩狩駅前にバス停があり、便数もそこそこあるので、鉄道と組み合わせれば探訪しやすい／下・池の周囲にかつて、温泉郷があった

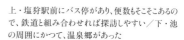

イレ、入口に階段がある。段差をイス代わりにして座り、トリテリタマサンドにかぶりついた。

美味い。周辺の木々から、セミとウグイスの声が聞こえる。食べ終わり12時半、次に乗る列車は14時40分発の名寄行き。ブラブラ歩いてみる。

ホーム裏の草むらに「塩狩峠一目千本桜」の碑。「一八九八年　道北の地に鉄道が誕生してより八十年を迎え　これを記念して建立す」

周辺の木々は桜が千本？　春に来たら壮観かも。

待合室のベンチに手編みのクッションが置かれ、壁に写真や絵のパネルが並んでいる。煙を吐くSLのモノクロ写真、豪雪に埋もれそうな真冬の駅。

ポスターも数枚貼られ「頑張れ宗谷本線」「塩狩駅を残すため」と書かれている。

塩狩駅は1916（大正5）年に信号所として設置され、1924（大正13）年に駅に昇格した。

周辺に入植者が増え、温泉郷もできて、にぎわった時期もあったようだ。戦後に1日100人以上の乗降客を数えているが、今や利用者極少駅となり、2021年に和寒町による維持管理に移行した。

時刻表を見ると名寄方面行き下りが1日9本、旭川方面行き上りが1日10本、けっして「極少」ではない。そして俳句を綴った句札がズラリ、ホウキとチリトリ、ヒザかけも。ここは道北内陸、冬の寒さはただごとではないだろう。

半透明ケースに入った「駅ノート」もある。駅を訪ねた旅人が、想いを書き残すノートだが「持ち出し厳禁」の文字。持ち出す奴がいるのだろうか。

駅前に「塩狩峠」の碑が立っている。「天塩」と「石狩」の境界にあるから「塩狩」なのだ。さらに「長野政雄殉職の地」の碑も。長野政雄さん？

1909（明治42）年2月28日、名寄発旭川行き列車が塩狩峠に差しかかった時、最後尾客車の連結器が外れた。客車は逆走そして暴走し、脱線転覆の危機！だが乗り合わせていた鉄道院（国鉄の前身）鉄道旭川運輸事務所庶務主任の長野政雄氏が、車両の前に飛び込み自らが車輪の歯止めとなって、列車を止めた。事故は最小限で食い止められたが、長野さんは殉職した。まだ30代だったそうだ。

――長野さんが自分の意志で飛び込んだのか、実は定かではないらしい。そして『氷点』の三浦綾子さんが、この話を題材に小説『塩狩峠』を書いた。

駅前にユースホステルがあり、坂道を上った先、木立に囲まれ立つ建物は塩狩峠記念館。三浦綾子さんの旧宅だそうだが、入口に「トモヱ醤油」や「カゴメソース」のレトロ看板。俺は『氷点』を読んでいないが、入ってみる。

受付の女性が「まあ、東京から！」と喜んでいるので『氷点』を読んでいないことは黙っていよう。ちなみに作家になる前の綾子さんは、雑貨店を営んでいたそうだ。それでレトロ看板。

1964（昭和39）年、朝日新聞社の一千万円懸賞小説に応募した『氷点』が、みごと当選！　ここから綾子さんは女流作家として活躍するが、デビュー前は脊椎カリエスを患い、闘病の日々を送っていた。店の仕事を終え、布団にもぐった夜十時から、枕元に原稿用紙を広げ『氷点』を書いたそうだ。

雑貨店は旭川市内にあり、老朽化のため1993（平成5）年に取り壊しが決まったが、有志により塩狩峠に復元された。1999（平成11）年4月30日に記念館の開館式が行われ、綾子さんも出席。だがその年の10月に亡くなられた。享年77。

――医師の辻口と妻・夏枝の3歳の娘ルリ子は、夏枝の不倫中に殺害されてしまう。ルリ子の代わりに女の子がほしいと夏枝にねだられ、辻口が引き取った娘・陽子は、なんとルリ子を殺した犯人の娘だった！すげー話だね『氷点』。

記念館を出て、路地を進むと国道40号に出た。「夢ロード桜40号」と愛称が付いているが、トラックが爆走して「夢ロード」って感じでもない。駅周辺の静けさが嘘のようだ。

だが喧騒の隙間に「ゆでとうきび」の看板が！「いま茹でていて、10分くらいかかります」と直売所のお姉さん。店内にはオバアちゃんの姿も。とりあえず周辺を10分ブラブラする。

国道沿いに「近藤重蔵ゆかりの地」の碑。幕末の探検家・重蔵さんは、函館から海岸沿いに利尻を目指したが、海が荒れて渡れずこの地に来た。そして途中で

薄い板だけのホーム、瑞穂駅。降り立ったものの、さてどうしようか。果てしなく延びる線路が、不安を煽る

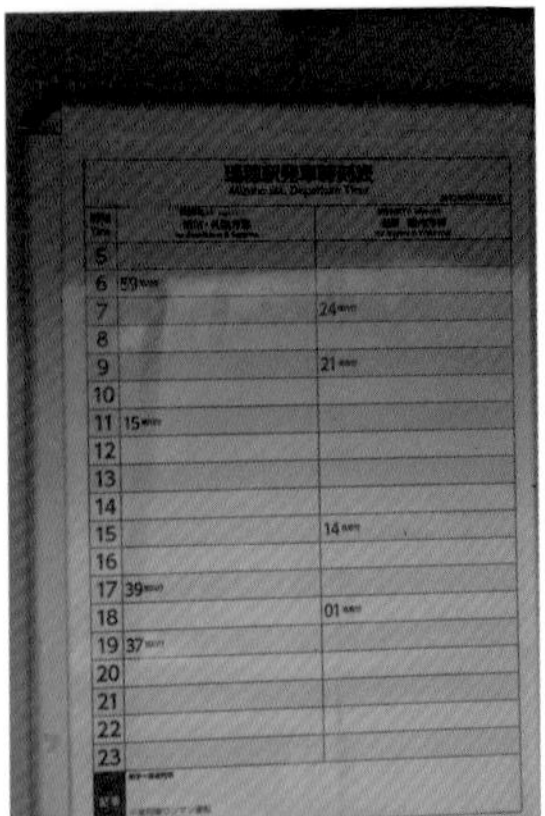

空白がやけに目立つ、瑞穂駅の時刻表。上下とも1日4本ずつ、計8本の列車が停車するが、昼の12〜14時台は1本も停まらない

上・ホームを横から見て、薄さを改めて実感する。左の小屋が待合室／下・今にも倒れそうな31線バス停。ここでバスを待つ気にはなれない

ホームの脇に花壇があり、色とりどりの花が咲き乱れていた。水やりほか、世話をしている人がいるようだ

自然に咲いた花々の向こうに、整然と稲が植えられた水田が広がる。この「駅前」で、農作業を営む人がいるのだ

駅前はひたすら田んぼと畑。遠くに小さく見える家の人は、瑞穂駅を使うのだろうか

夜は名寄に戻り、居酒屋でホッとひと息。北海道名物のラーメンサラダで、秘境駅めぐりの疲れを癒した。「冷やし中華と同じ」とか言う奴に、北海道を旅する資格はない

死亡した従者を、ここ塩狩に埋葬した。周辺で砂利を採取したとき、重蔵さんが置いていったらしい日本刀が見つかっているそうだ。

さらに「塩狩温泉」の碑も。1921（大正10）年ごろに鉱泉が発見され、2年後に湯治場もつくられ、戦後に「塩狩荘」となった。春は花見、冬はスキーを楽しむ人も多く、ユースホステルも開館。大勢の旅行者が池を囲む写真も掲示されているが、2007（平成19）年から塩狩荘は休業し、2015（平成27）年に解体された。

跡地に芝生の緑地が広がり、一角に池がある。かつてここに、大勢の旅行者が来た。その痕跡は全く感じられない——。

10分後、再び直売場に行くと、とうきびが茹で上がっている。「熱いですよー」とお姉さんが言い、オバアちゃんが店の前に置いたイスを指差して「日陰に持ってって食べるといいよー」と言うので、ありがたくそうさせていただく。

とうきびをガブリ——あっちー！　でも甘くて美味い！　食べ終わって芯を持ってウロウロしていると「こっちにください、投げときます」とお姉さんに言われ「ああ、北海道だなあ」と思った（北海道は「捨てる」を「投げる」という）。

駅に戻り、駅舎隣のトイレで用を足した。水洗じゃなかったが、手入れされていて快適だった。そして駅の維持も大変だなと思った。

名寄行き列車が来るまで、待合室の俳句を見る。

訪人（ひと）まばら　殉碑の丘の　草枯る、

——駅前は見どころ満載。駅を使わないともったいない、と思っていたら名寄行き列車が来た。

瑞穂 駅前は「31線」

続いて15時14分、さっき通過した瑞穂駅で降りた。鉄道ファンらしき少年も下車、そして驚いた！　ホームが薄い板張りで、しかも1両編成の列車より短い。列車から乗り降りするスペースしかない！　まるで朝礼台のようだ。そして小さな待合室があるが、少年が先に入ったので、あとで入ろう。

まずは駅前散策、といっても見渡す限り、畑と田んぼだけだ。次の列車は18時01分発の普通・名寄行き、それまで2時間以上、さてどうしようか。

ホームの南を道路が東西に横切り、手持ちの地図によれば東1㎞に牧場がある。東へ行ってみよう。

だが東へ進むと森に突き当たり……行き止まり？　森の中にケモノ道は延びているが、ここは北海道だから、クマが出るかもしれない。

東はここまで。駅に引き返すと、待合室にはまだ少年がいる。せっかく降りたんだから歩け。

西へ進むと国道40号に出た。渡った先にバス停がある。ほどよくバスが来るなら乗ろう。というわけで国道を渡り、時刻表を確認――渡れない！

駅の入口なのに信号がない。そしてトラックが時速100㎞くらいでバンバン走り抜けるから、渡れないのだ。横断者に道を譲れ！

やっと車が途切れ、急いで渡り時刻を見る。次の名寄行きは……15時ちょうどに来る！　でもコレで帰るのはもったいない。その次は17時25分発、列車より早い。

15時のバスは見送り、18時01分の列車を待ってられなかったら、17時25分のバスで戻ろう。バス停名は「31線」。利用者はいるのか31線。

道を挟み対面にも旭川方面行き31線バス停があるが、斜め45度に傾き倒れそうだ。トラックが激突した？　そんなバス停でバスを待つのは命がけだ。

――国道40号を北へ進んだ先に、道の駅らしき看板が見えるので、目指して進んでみる。だが。

ゴオオッ！　肩先スレスレをトラックが爆走、歩道が狭いのだ減速しろ！　なぜそんなに急ぐのか。

ズンズン歩くと次のバス停が見えてきた。31線の次は……「30線」か。ここも周辺は畑だけ。

この感じで29、28……と果てしなく続くのか。31線バス停を「瑞穂駅入口」にすればいいのに。そして旭川方面行きの30線バス停は、やはり60度くらい傾いている。なんだかな。

その後も畑が続く風景の中を1㎞ほど歩き、名寄市に入ると（瑞穂駅は士別市）道の駅「もち米の里なよろ」の看板が見えてきた。やった！　と思ったら道の駅は1・6㎞先。けっこう歩いたから、もういいか。「名寄の名物はもち米」と記憶に刻み、俺は来た道を戻り始めた。

前方から名寄行きバスが！　この時間にはないはず

上および中・箙島駅に降り立つ。貨車を改造した駅舎が立つだけの簡素な駅だが、瑞穂駅に降り立ったあとだからか「なかなか立派な駅だな」と思ってしまった／下・箙島大橋から、箙島集落を遠望する

北海道命名之地の碑。開拓を称える記念碑だが、先住民アイヌのことを想うと、複雑な気持ちにも駆られる

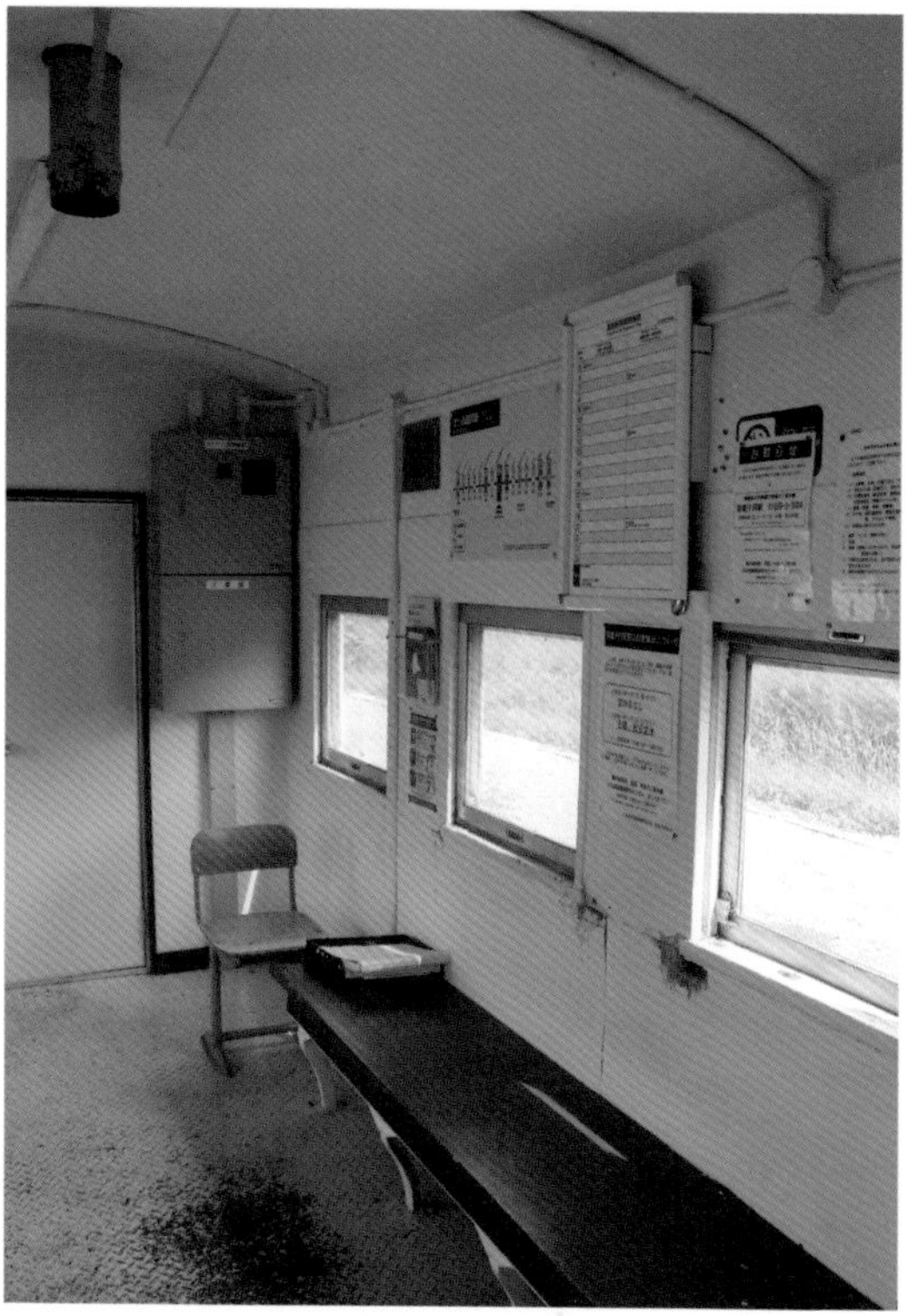

筬島駅の貨車駅舎の中。殺風景な上に閉塞感も覚えるが、冬は極寒に見舞われる道北では、待合室がなければ列車を待てない

北海道命名之地の碑を目指し、未舗装の脇道を進む。今にも熊が出そうな道が、駅から徒歩圏内にあるのだ

熊の大好物、ハチミツを仕込み中！ということは、ここにも養蜂農家さんが来るわけだが、筬島駅を使うことはあるのか

赤い屋根が鮮やかな砂澤ビッキ記念館は、筬島駅から徒歩数分。遠くからでも見えるので、道に迷った時の目印にもなる

砂澤ビッキ記念館が立つ場所に、かつて筬島小学校があった。熱いコーヒーで、ひと休み

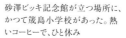

だけど？　と思ったら行先表示に「急行」の2文字が。31線バス停には停まらないのだ。鉄道駅の最寄りのバス停なのに。

続いてカンカンと踏切が鳴り、名寄方面行き列車が来る。だが列車は快速「なよろ」で、やはり瑞穂には停まらない。JR北海道とバス会社で話し合って、どっちか停めろよ。

31線バス停に戻り、畑の向こうに瑞穂駅が見えてきた。国道に「瑞穂駅入口」の表示はナシ。ヒドいね、瑞穂駅の扱われ方。とにかく国道40号から駅に戻ると、トラックの喧騒から逃れてホッとした。

ホッとしたら喉が渇いたが、売店どころか飲み物の自販機さえない。駅前なのに、何もない。

待合室にまだ少年がいる！　ずっとそこに？　と思ったら出てきたので、入れ替わりに入る。

時刻表と運賃表、雪かきスコップ、以上。この駅に停まる列車は上下とも1日4本ずつで、普通列車さえ大半が通過する。普通なのに通過、なんで？

引き続きウロウロしていたら、看板を見つけた。「幌延誘致反対」と書いてある。

——名寄と士別の北にある幌延町は、使用済み核燃料「核のゴミ」処理問題でモメている。町はかつて放射性廃棄物施設の誘致を持ちかけられ、賛成か反対かで二転三転。結局、放射性廃棄物の持ち込みや使用を行わないことを前提に、放射性廃棄物の地層処分に関する研究を行う「深地層研究センター」が設立された。だが、今もこんな看板が掲示されているということは……「町内で廃棄物を処理するのでは？」という疑念は、たぶん消えていない。

数年前に幌延町を訪ねたが、トナカイ観光町起こしが苦戦して、厳しい状況だと感じた。原発関連の処理を請け負えば、潤沢な補助金が町に払われる。だが核のゴミ処理は、危険と隣り合わせだ。

幌延町に限らず、北海道の多くの自治体が困窮に陥っている。秘境駅の多さが、それを物語る。

俺たち旅人はノンキに秘境駅を訪ね、インスタ映え写真でも撮っていればいい。でも地元の人にとっては、それどころじゃない。

17時25分のバスは乗らず、18時01分の列車で戻ることにした。ここで待合室の前に、自転車が停めてあることに気づく。誰か列車で戻ってくる？

カンカン、警報機が鳴る。まだ17時半過ぎなのに？と思ったら17時39分発の旭川行き普通列車が来た。暗くなってきたので、乗ってしまおう。次の多寄で降り、折り返しの名寄行きを待てばいい。

というわけで旭川行きに乗り、多寄駅で下車。ほどなく名寄行きが来た。

18時01分、列車は瑞穂駅に停車。誰も降りず、自転車は待合室の前に置かれたままだった。

2日目

名寄 7時53分➡**筬島** 9時16分／12時59分➡**初野** 13時44分／15時33分➡**天塩川温泉** 15時55分／18時05分➡**名寄** 19時00分

筬島 砂澤ビッキさんのアトリエ

名寄から稚内行き普通列車に乗り、目指す下車駅は音威子府の隣、筬島《おさしま》駅。平日だが夏休みのせいか車内は混んでいる。

名寄を出ると車窓から市街は途切れ、森と畑が連続する。赤い屋根の駅舎が立つ日進駅、貨車駅舎の智恵文駅。背後に森が茂る智北駅で、乗客がひとり降りる。

特急も停まる美深駅は、レンガ造りの駅舎。続く初野駅は今日、筬島のあとで降りる予定だ。

——列車が駅で停まるたび、乗客の大半がカメラを構え、写真を撮る。ほぼ全員が観光客で、生活のために乗っている人は、いない様子だ。

生活利用者がいなくなった駅を、骨とう品のように愛でる旅人のために、列車は停まる。そのために駅がある場所の自治体が、税金を捻出している。

恩根内駅で若者がひとり降り、牧場主風のオジさんが笑顔で出迎え。若者は牧場で働くのだろうか。

続いて天塩川温泉駅、ここもあとで降りる。草むらの中の咲来《さっくる》駅に続き、音威子府《おといねっぷ》駅へ。久々の住宅街、セイコーマートのオレンジ色の看板が見える。

そして9時16分、筬島で降りた。ホームの一角が砂利で覆われ、小石の隙間から雑草が生えている。

初野駅の待合室の中。簡素ながら、大型の雪かきグッズが2基もあり、冬期の豪雪ぶりを想像する

瑞穂駅と間違えそうな初野駅だが、間違えて降りると取り返しがつかないことになるので、十分注意したい

ジオラマのようにも見える、筬島駅の貨車駅舎。列車が上下とも、あと2本ずつ増えると便利なのだが

木々に覆われる初野駅の全景。右側に立つ待合室の前に、自転車が停まっているので、利用者はいるはずだ

初野駅。勢いよく飛び乗ると、パリンと割れそうな薄いスロープを通って、ホームから地上へ

駅の近くに立つ「美深14線」バス停。だからなんで停留所名を「初野駅前」にしないのか?

車両を改造した駅舎を覗くと、トイレがある。ドアを開けると……ボットンか。極限状態に陥ったら世話になろう。時刻表を見ると、次の稚内行きは8時間後の17時11分！　そんなに待てないので、折り返し12時59分発の名寄行きで、いったん南に戻ろう。というわけで滞在は3時間43分。

駅は山と森に囲まれ秘境だが、ポツポツと家があり人外魔境ではない。駅前に生活改善センターがあり、入口に靴が脱ぎ捨てられ、人がいるようだ。

少し歩くと赤い屋根、木造の長い平屋が見えてきた。入口に木のトーテムポールも立つここは「エコミュージアムおさしまセンターＢＩＫＫＹアトリエ３モア」通称「砂澤ビッキ記念館」。

アイヌの彫刻家として有名な、砂澤ビッキさんの記念館が駅前にある。ならもっと、列車を停めればいいのに。記念館でコーヒーを飲めるようなので、ひと回りしたら寄ってみよう。

駅を背にして進み、天塩川に架かる筬島大橋を渡る。天塩川はアイヌ語のテシ・オ・ぺッに由来し、梁川を意味する。「梁（簗）」は川の流れを木や石や竹で仕切り、魚を追い込んで捕える漁法のこと。天塩川は全長２５６㎞、道内で石狩川に次いで長い川だ。

ゆったり流れる広大な川。その向こうに緑に覆われた山だけが連なり、空が青い。

――凄いところに来た。こんな場所に簡単に来られるのは、駅があるから。秘境駅は旅人を、異世界に誘う入口なのかもしれない。

大橋を渡り国道40号に出た途端、トラックが豪速でゴオオッと爆走し、現実に引き戻された。国道は途中から歩道がなく、肩先を時速１００㎞で飛ばすトラックに、ヒヤヒヤしつつ進む。

難儀な道を進むのは、理由がある。この先に「北海道命名の地の碑」があるはずだ。命名者は幕末の探検家・松浦武四郎さん。

国道を外れ、林間の細い道を進む。トラックの喧騒からは解放されたが、今にも熊が出そうだ。

……道沿いの広場に、茶色い箱がいくつも置かれている。何だろう。看板が立っている。

「みつばちがいます」養蜂場！　刺されたら大変だし、ハチミツ欲しさに熊が来るかも！　なぜここで命名したのか武四郎さん!

やっと「命名の地」に着いた。と思ったら背後から車が俺を追い越して停まり、ピンクのシャツを着た男が降りて、スマホで撮影。なんだかな。

とにかく「北海道命名之地」の碑がドーン! 武四郎さんはアイヌと一緒に天塩川を探査して『天塩日誌』を書き残し、そしてアイヌのアエトモ長老から話を聞いた。

「アイヌの通称である〈カイナ〉の〈カイ〉は、この国に生まれた者ということで〈ナ〉は貴人をさす尊敬の言葉である」

これを聞いた武四郎さんは「アイヌの人々は、自らその国を呼ぶとき加伊(かい)といい、ひげが長いところから蝦夷(かい)の字を用いたが、もともと蝦夷の地の蝦夷(えぞ=かい)とは加伊(かい)のことである」と考えた。

そして1869(明治2年)、武四郎さんは道名について6つの候補を提示し、その中の「北加伊道」が採用されて、海の字を当てて「北海道」となった。

現在の「北海道」の名は、まさにこの地でアエトモ長老と出会ったことから生まれたのである。

?・?・? ここは本当に命名の地なのか? そしてピンクシャツ男がカメラを構え、ファインダーに映りこむ俺を見て露骨にイヤな顔。セコい野郎だ!

男は車に戻り、走り去った。こういう場所は歩いて到達してこそ感慨が湧くものだ。

再びトラックだらけの国道を歩き、筬島大橋を渡って筬島駅へ。砂澤ビッキ記念館が開いている。

トーテムポールほか作品と、再現されたアトリエを見る。もともと筬島小学校だった場所を、ビッキさんはアトリエに使い、人生最後の時を過ごした。

ビッキさんは1931(昭和6)年、近文《ちかぶに》コタン(現・旭川市内)生まれ。22歳で木彫りを始め、1978(昭和53)年に筬島へ。そして1989(平成元)年、癌のため亡くなった。享年57。

ご本名は恒雄(ひさお)さんで「ビッキ」は少年時代からの愛称だとか。アイヌの言葉で「カエル」を意味するそうだ。

そして入場チケットの半券を見ると、記念館の住所は「音威子府村 字物満内(地域名:筬島)」と書かれている。住所表記は「物満内（ものまない）」だが、ここは「筬島」として親しまれているのだ。

展示をひと通り見たあとは、記念館の中のカフェへ。熱いコーヒーでひと息ついた。秘境駅前で、コーヒーを飲めるとは思わなかった。


筬島駅は1922（大正11）年に開業。1960年代には1日の乗降50人以上を数えたが、以降は減少の一途をたどり、今や利用者は極限まで少ない。ここも廃止候補に上ったが、2021年に音威子府村の維持管理に移行し、首の皮一枚で存続している。

周辺に見どころは多いのに、駅の利用者は極限まで少ない。なぜだろう。コーヒーも飲めるのに。

駅に戻り、ボーッとしていると、列車が来た。

初野 自販機目指して三千里

13時44分、初野駅で下車。ホームは瑞穂駅に続き板張りで、瑞穂より長さはあるけど小さい。イナバの物置みたいな待合室がポツンと立っている。

次に乗る列車は15時33分発の稚内行き。それまで1時間49分を、ここで過ごすわけだが――。

こりゃまた何にもねーな！ 見渡す限りの草原と田んぼ、どこまでも延びる一本道、青空。どーすりゃいいんだコレ。

待合室の中も雪かき道具以外、特に見るものはない。とりあえず線路と交差する一本道を、まずは西へ歩いてみる。

5分で国道40号に出た。バス停があり、バス停名は「美深14線」……またこのパターンか。そのまま国道を進んでも、たぶん次のバス停は「美深13線」か「15線」だろう。駅に戻る。

――げっ、駅前に車がギュインと停まり、さっきのピンクシャツ男が！ 偉そうに駅を撮影して、いなくなった。駅を撮りたきゃ列車で行け！

西がダメなら東へ、ズンズン歩く。どこまでも続く一本道、両側は草原と畑、青い空。

日差しが暑い。北海道の夏の日差しは強烈だ。防ぐ日陰もないし、クラクラしてきた。

冷たいものを飲みたい。犬も歩けばカフェと自販機に当たる東京が恋しい。スタバで抹茶クリームフラペ

上・名寄公園に展示される、排雪SL「キマロキ」。公園に置かれるSLはたまに見るけど、これは珍しいかも／中・天塩川温泉駅の全景。赤いトンガリ屋根がユニークで、遠くからでもよく見える／下・智北駅。今回は15分しか滞在できなかったが、次回は「ひぶな」を見たいものだ

上・天塩川温泉駅の待合室には休憩スペースがある。湯上がり後にゴロンとくつろぎたい／下・これまた小さい天塩川温泉駅

天塩川温泉でめぐり合えた、音威子府黒そば。風呂上がりのサッポロビールと一緒に、ズルズルといただいた

チーノでも飲みたい気分だが、カフェどころか自販機さえもない。駅前なのに。

一本道の奥を、トラクターが横切る。その先に牧場らしい建物があり、小さく見える赤くて四角いものは……コーラの自販機？　15分くらいで着くだろうか。次の列車まで1時間23分、行ってみよう！

――30分かかった。北海道は近くに見えるものも遠いのだ。とにかくコーラの自販機がある！

砂漠でオアシス、秘境駅前に自販機！　リアルゴールドのレモン味のペットボトルを買い、腰に手を当てて飲む。青空の下でゴクゴク！

ぷっはー！　ぶふっ（炭酸のゲップが戻る様子）秘境で飲むリアルゴールドは美味い。そして！

草むらに「牛馬の碑」が立っている。牧場や畑で働き、天寿をまっとうした牛と馬の霊を祀っているのだ。何もないかと思ったら、名所がある！

改めて初野駅の周辺案内。コーラ自販機と牛馬の碑が駅から徒歩30分。けっして「何もない」駅前ではなかった。再び30分歩いて初野駅に戻ると、稚内行き列車が来た。

天塩川温泉 湯上がりに音威子府そば

15時55分、天塩川温泉駅で下車。これまた板張りホームの小さい駅だが、待合室の赤い屋根が鮮やかで、ホームにプランターが並び、花が咲いている。

さて「温泉」を名乗るからには、近くに温泉があるはずだ。だが「実は温泉が8km先」というパターンもある。ここはどうだろうか。

おっ、駅前に温泉行きバス停がある。1日5本、次のバスは16時08分、列車と連絡している！

さらにバス停の隣に立つ電柱に「↑温泉」の手書き案内が。手元の地図を見ると、温泉は駅から徒歩5分くらい？　バスが来るけど、歩いて行こう。

矢印に従い歩き、天塩川に架かる止若内《ヤムワッカナイ》橋を渡った先に、立派な温泉の建物が！

車が次々に来て、16時08分のバスも来て、オジイちゃんとオバアちゃんがドドッと降りる。駅は小さいが温泉は大きいのだ。俺もさっそく大浴場へ！

普通の風呂にジャグジー、露天風呂！　１００ずつ数えて浸かり、お湯を上がると17時。館内のレストランが開き、ビールもある！

ビールと一緒に何を食べるか、メニューを吟味……音威子府黒そば、何コレ？　と思ったらレストラン入口に、新聞の紹介記事が貼られ「今夏限りで生産終了」の見出し。

音威子府そばを製造する畠山製麺は1926（大正15）年創業だが、2022年8月末に閉業することになった（この日は8月頭）。2021年2月まで音威子府駅のそば屋「常盤軒」でそばを出していて、鉄道ファンの間で有名な「駅そば」だったそうだ。

だが店主が亡くなり「常盤軒」は廃業、そして畠山製麺も廃業を決めた。77歳の3代目社長が、ひとりでそばを打っていたが、手作業が多く手間がかかるそうだ。廃業はやむを得ない決断なのだろう。

そばの実を皮ごと引いて作る黒いそば。製法を知るのは社長だけで、誰かに引き継いで「味が変わって評判を下げたくない」ため、廃業を決めた。とにかく「昔ながらのもの」が消えていくのは残念だ。

音威子府駅のそば屋は閉じたが、ここではまだ食べられる。生ビールと黒そばください！

「お待ちどおさま」来た！　まずビールをグビリ、プハーッ！　風呂上がりのビールは美味い！　そして山盛りの黒そばをズルズルズルッ。

そばがツルツルと喉を通っていく。外皮を混ぜたそばはボソボソしがちだが「秘伝」のおかげで滑らかだ。でもその「秘伝」を、他人に受け継ぐつもりはない――。もったいないけど、仕方ない。

そばの晩餐を堪能し、17時40分に温泉を出て駅に戻り、18時05分の名寄行き列車を待つ。

簡素な駅に、客は俺ひとり。駅の近くに温泉があるのに、なぜこの駅はこんなにも小さく、そして列車も少ないのか。

遠くでガタンゴトンと音がして、踏切がカンカンと鳴り、名寄行き普通列車がやって来た。

3日目

名寄 7時53分 ⬇ **智北** 8時12分／8時27分 ⬇ **名寄** 8時46分

智北 ひぶなの里の最寄り駅

朝のニュースを見ていると「留萌本線　廃止の方向」の一報が飛び込んできた。住民たちは苦渋の表情で「残してほしいけど、現実の厳しさを考えると……」と言葉も少ない。どうなるのか、北海道の鉄道。

留萌も人口は減っているが、人がいないわけじゃない。なぜこんなにも、車社会になったのか。

車なら好きな時間に、好きな場所へ行ける。列車の時刻に合わせ、駅から徒歩やバスで移動することを考えると、鉄道は面倒くさい——日本人は身勝手で、怠け者になったのかもしれない。

列車本数が減れば、利用者も減る。利用者が減れば、本数はさらに減る。悪循環の末に利用者が少ない駅は「秘境」になり、観光客だけが訪れる——。

午後は別件で移動だが、午前は空いている。時刻表を見ると、智北駅に行って帰ってこられるが、滞在時間はわずか15分。智北駅は1959（昭和34）年に仮乗降場として開業したが、2021年4月にやはり、名寄市の維持管理に移行した。

名寄発7時53分の普通・稚内行きに乗り、智北に8時12分着。これまた小さなホームと待合室、見渡す限りの森と草原、待合室に各種雪かきグッズ。

800m先に「ひぶなの里ちえぶん沼パーク」があるようだが、次の列車は15分後の8時27分。乗り逃がすとその次は13時56分、5時間29分後だ。ちなみに「ひぶな」は赤オレンジ色のフナで、見かけは金魚だがフナだそうだ。

結局ボーッとして、時計を見ると8時25分。ここで自転車に乗ったお兄さんが来て、駅の脇に自転車を停め、ホームに来る。

「おはようございます」と挨拶し、彼は右手をシャツの内側に突っ込んで腹をボリボリと掻き、左手でスマホをレロレロといじり始めた。

「いつもこの列車を使うの？」とか聞く感じでもなく、名寄行き列車が時刻通りに来たのだった。

JR上越線
土合駅

今や「モグラ駅」として有名な土合駅。小幌駅に続き観光客が多そうだと思いつつ、東京からサクッと行って帰って来られるのでブラッと行ってみた。せっかく行くなら「モグラ」を体感するだけじゃなく、駅前も歩かなきゃもったいない。でも死ぬほど階段を上ったあと、歩く気力は残っているのか?

水上 9時44分➡**土合** 9時53分／13時49分➡**越後湯沢** 14時13分

486段を上ってみた！

モグラ駅、土合駅に行ってみよう！

それだけの知識で、俺は無謀にも出発した。階段を死ぬほど降りた先にホームがあり「モグラ駅」と呼ばれている。それ以外はよく知らない俺である。

上野から最短ルートをヤホーで検索すると、新幹線で越後湯沢に行き、上越線に乗り換えろと出た。上野に向かいつつ、土合駅の基本情報をググる。

土合駅は下りホームがトンネルの中にある。ってことは「モグラ」を体験できるのは下りなのだ。越後湯沢から行くのは、上りと下りのどっちかな。

げっ、上りじゃん！　いきなり地上に着いたらモグラじゃない。下りホームに着くには、水上から行かなきゃいけないのだ。

水上経由で再検索すると、新幹線を上毛高原で降り、バスで水上へ行くルートが出た。階段は下っても意味がない、上らなければ！　というわけで上越新幹線「とき」で、上毛高原を目指したのだった。

初めて降りたぞ上毛高原駅。ツアーバッジを装着した登山ルックの平均78歳くらいの軍団が一緒に降り立ち「それーっ！」と大型バスに乗って、どこかへ行った。そんな登山口の駅で俺のファッションは、Tシャツ×チノパン×ビーサンだ。

バスに乗り、バブル時代のスキーを思い出す月夜野経由で水上に着き、上越線に乗る。車内はカメラを首から提げた人で満杯で、みんな土合駅に行くのか？ごく普通の3世代ファミリーもいるけど。

気の抜けた『瀬戸の花嫁』みたいな発車メロディが響き、列車は動き出した。このメロディをスマホで録音する少年がいる。なんだか凄い。

渓流沿いに進み、湯檜曽《ゆびそ》駅に着く。ここもトンネルの中で十分に秘境だが、誰も降りない。だが列車が再び走り出し「次は土合です〜」とアナウンスが響くと、車内の客がいっせいにソワソワし始めた。

全員ここで降りるのか？　まさかかね。

その「まさか」が発生！　3世代ファミリーも含め、ほぼ全員が土合で降りた！

トンネルの中だから暗い。そして寒い。ビーサン履きの俺は、特に寒い！

暗くて寒くて確かに秘境だが……人が多い！　大量の人が自撮り棒を延ばし、自分と列車を一緒にパシャパシャ！　小幌に続き、うーむ！

そして待合室の壁を埋め尽くす、これまた大量のメッセージカード！　じっくり見て「変な1枚」を探したいが、人でいっぱいなのでハケるのを待つ。

やっと人がいなくなり、隅々まで見る。「来ちゃった」とか「楽しかった」とか、わざわざ書く必要がないメッセージが多い。変な1枚はないか？

あった。「土合で小宇宙（コスモ）を燃やせ」まあまあ。「広瀬すずとけっこんする」勝手にしろ。そしてウンチ型の紙に「うんち大好き」スカ●ロか。

これに触発されたのか、ウンチ型メッセージが何枚もあり「うんちブーム」が起こった模様——誰か見ている？　と思ったら目を大きく見開いた、男の顔が描かれた一枚が。

「この人を探しています。娘を返して！」真っ暗な駅で、ひとりで見ると怖いぞ！　さらに「たべっこどうぶつ」のメモ紙に「２０３８年11月18日、東京で大きな地震が起きます」って本当か？

ホームは以上、いよいよ階段へ。ふもとに立つとどこまでも階段が延びていて、終着点が見えない！

１万段くらいあるかと思ったら、４６２段。そして下りホームの標高は５８３ｍ、モグラ駅だけど地下じゃないのだ。改札まで所要時間は徒歩10分。

上り始める。５段ごとに踊り場があり、意外にサクサク上れる。

すぐ50段を上り、前を上る人々に追いつく。途中の踊り場に置かれたベンチは、３世代のＪジー＆Ｂバーに占領されていた。高齢者に４６２段はキツいが、上り始めたが最後、あと戻りはできない。

４００段を通過すると、外の熱気が流れ込んでくる。そのままズンズン上り、アッサリ４６２段を踏破！　ここで地上へ、と思ったら、

「改札出口まで１４３ｍ、階段２ヶ所で24段」

「出口」表示の先に、いよいよ階段が延びる。人が大勢いるからいいけど、ひとりだったらかなり怖そうだ

というわけで462段！ 意外にアッサリ上れるが、駅でエスカレーターばかり使っている人にはキツいかも

462段を上り、出口まであとひと息。窓越しに降り注ぐ日差しが、上りきった旅人を迎える

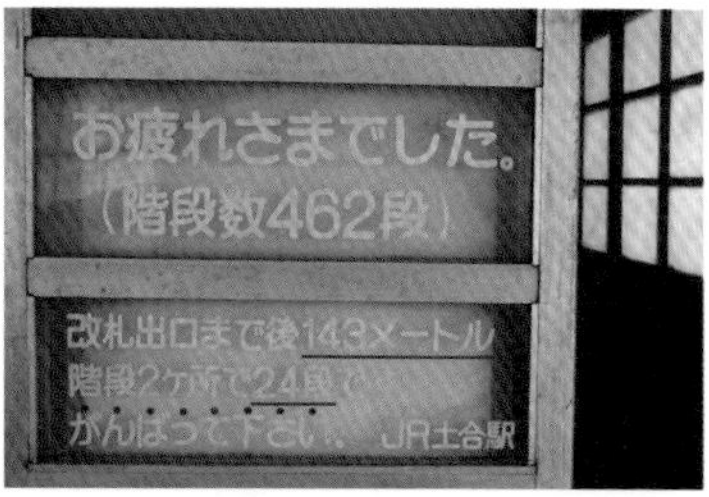

「上りきった!」と思ったら、あと24段ある。まあ462段を上ったあとなら、軽いけどね

上・駅前名所「土合砂防堰堤」。涼しげな滝の音に、階段上りの疲れが癒される／下・谷川岳の雄姿を眺めつつ、階段踏破を祝った

上・かつての改札跡を見つつ、出口へ。駅も今では無人だが、きっぷ販売の窓口跡もあり、駅員がいた頃の痕跡が随所に見られる／下・駅舎はかなり立派で、そしてとんがっている! 車やバイクで駅を見に来る人が大量にいたが、本書をお読みになったかたは、ぜひ列車でお出かけを

とのこと。プラス24段を難なく上ると「出口」の2文字が見えてきて、ピンクの着物姿、頭にかんざしの「水上温泉おいでちゃん」に迎えられ（パネルだけど）改札を抜けた。到達！

駅舎は古いけど立派で、今は使っていない精算所の跡と、切符売り場の窓口跡もある。そして出口の脇に「いよいよ谷川岳です」と書かれた看板が立っている。谷川岳登山の拠点なのだ、この駅は。

谷川岳でカツカレー！

土合駅は1931（昭和6）年に信号場として開設、1936（昭和11）年に駅に昇格した。1967（昭和42）年に新清水トンネルが開通して、土合駅を挟む区間が複線になり、下りホームがトンネル内に設けられた。それで「モグラ駅」になったのだ。

かつては上野発の夜行列車が着き、谷川岳を目指すハイカーでにぎわったそうだ。長い階段を、登山のウォーミングアップに上る人も多かったとか。

だが上越新幹線と関越自動車道の開通により、利用客は減少。時代の流れで「モグラ」の部分だけが注目され、今では観光客が集まっている。

さて「モグラ」は堪能したが、降り立ったからには歩こう。谷川岳行きロープウェイ乗り場まで徒歩20分、行ってみるか。

駅前に大きな緑の山、三角屋根の駅舎に木の駅名標が架かり「ようこそ　日本一のモグラえき」の筆文字。駅前を横切る国道291号にバス停とバス待合所があり、木々が茂る中に「民宿　土合ハウス」が立っているが、屋根が崩れ廃業した様子だ。

……ここも車が次々に来て、チャラそうな男が降り、スマホで写真を撮っていなくなる。宗谷本線のピンクシャツに続き、駅を撮りたきゃ列車で来い。

国道を進むと「谷川岳ドライブイン」が見えてきた。レストランに「上州赤城牛ステーキ」のノボリがはためき、料理サンプルがズラリ。谷川そば、谷川うどん、谷川ラーメン！

……ここで食べなくてもいいか。看板に横文字で〝Gyu Steak〟〝Buta Don〟と書いてあるが、〝Beef〟〝Pork〟では？　いちいちうるさい俺である。

続いて宿「山の家」がある。泊まれるのだ、土合駅前。

日帰り温泉とオートキャンプ場もある。

その先の湯檜曽川に架かる土合橋を渡る途中に、ドドドと見事な滝が！　戦前に造られた「土合砂防堰堤（えんてい）」で、洪水による下流への災害を防止するためにつくられたそうだ。周辺に茂る木々はユビソヤナギ群落。群馬県と東北地方にしか確認されていない日本の固有種で、絶滅危惧類とのこと。

トンネルを抜けると山岳遭難者を祀る慰霊塔が。作家の今東光さんによる「静寂」の碑も立ち「危険を克服した先に安楽がある」と書かれている。さらに谷川岳の守り神「山の鎮の像」も立つ。

そしてついに、ロープウェイ乗り場「土合口駅」へ。大行列に並び「天神平駅」で下車、さらにリフトに乗り換えて、山頂を目指す。

リフトに乗ったものの、俺の足元はビーサンだ。脱げて落下すると面倒なので、足指にグッと力を込めて踏ん張り山頂へ！　神社にお参りして天神平に戻り、レストランでカツカレー&生ビール！

土合駅に戻ると、旧・切符売り場にたくさん人がいる。なんと売り場がカフェになっているのだ。


時刻は13時半、そして次の列車は長岡行き下り13時49分。下りホームまで10分かかるから時間がないが、アイスコーヒーを注文し、マッハの速さでズボボと飲み干す。店のお姉さんに「早いですね」と笑われ、486段を今度はズンズン下りてホームに着くと13時47分、間に合った。

ホームに再び人がたくさんいる。みんな観光客、と思ったらジャージ姿の少年軍団と、引率のコーチらしきオジさんが。試合にでも行くのだろうか。

暗闇の奥でライトがふたつ光り、ズンズン近づいてくる。プワーンと響く、警笛の音。列車が来た。

「はーい、黄色い線の内側に入って！」と声を張るコーチ、ガヤガヤする少年たち。

生活で利用する人がいる。「よかった」とググって調べて来た俺が思う筋合いもないが、意外に盛りだくさんの旅情を残し、列車はモグラ駅を出発した。

アイスコーヒー

南海高野線

秘境駅といえば、ローカル線を
何本も乗り継いで、やっと到着……
するとは限らない。
大都市圏から乗り換えナシで行ける
秘境駅もあるのだ。
南海高野線の秘境駅は、
大阪なんばから快速急行で直通一本！
快速急行が停まるんなら、
大した秘境じゃないんじゃねーの？
と軽い気持ちで出かけた俺を
待ち受けていたものは……！

出口

なんば 9時00分⬇**上古沢** 10時17分／11時22分⬇**紀伊細川** 11時29分／11時59分⬇**紀伊神谷** 12時04分／13時47分⬇**極楽橋** 13時50分

なんばから上古沢へ

朝8時半、南海電車のなんば駅は大混雑！　梅田と並ぶ大阪の2大繁華街だけあって、デカい駅は通勤客でごった返している。

でもここから秘境駅行きの列車が出る。しかも乗り換えナシで。なんだか不思議だ。

早めに着いたので、構内のサンマルクで一服。スーツ姿のビジネスマンたちに混ざって、オール明けらしい金髪女子がカウンター席に突っ伏して、

「うっ、うおぇっ、おえっ」

と今にも吐きそうだが大丈夫だろうか。秘境旅とは程遠い風景を見つつ、コーヒーを飲み干すと、南海電車のホームに向かった。長くてデカいホーム。

快速急行は……あ、もう来ている。行先表示に大きく「高野山」の文字、脇に小さく「極楽橋」と添えてある。列車の終点はあくまでも極楽橋で、そこでケーブルカーに乗り換えて高野山へ行くのに「高野山」と言いきるこの感じ。関西だなー。

列車は大盤振る舞いの8両編成だが、途中の橋本で後ろ4両は切り離されるので、前方の1両目に乗る。車両先頭のシートに子連れファミリーが座り、幼い息子が窓に顔をくっつけて、外を見ている。

「あのー、この車両は高野山に行きますか？」

気が弱そうな、でも信心深そうなオジさんが俺に聞く。平日の朝だが、俺以外にも「旅人」がいるようで、少しホッとする。

というわけで快速急行は発車した。飛田新地が近くにある新今宮駅、続いて天下茶屋駅に停まり、南へ向かっていく。

南海高野線は、大阪市街と和歌山県の高野山を結ぶ、南海の主軸路線だ。今や世界遺産となった高野山への参詣路線として開業したが、沿線は宅地開発で人口が激増し、今では関西を代表する通勤通学路線の1本で

ある。

高野山を俺が解説するのもアレだけど、1200年前に弘法大師空海が開創した真言密教の聖地で、1000m級の山々に囲まれた盆地に一大宗教都市が形成されている。その全域が「総本山金剛峯寺」で、2大聖地が「奥之院」と「壇上伽藍」。117の寺院があり、半数近くが宿坊である。

ゴールの高野山が標高1000m級だから、路線も上る。高野山エリアの入口である高野下駅―極楽橋駅の間は、勾配が50パーミルに達する登山路線で、この区間に今から目指す3駅が並んでいる。3駅とも1日の乗降客数が10人前後で、大都市圏を走る私鉄の駅とは思えないほど利用者は少ないが、しっかり快速急行が停まるのである。

列車は快速急行だけにビュンビュン進み、途中の河内長野までは都会の風景が続く。だが河内長野を過ぎた頃から、行く手に山が迫り、車窓の緑が深くなっていく。美加の台駅を過ぎてトンネルに入り、抜けた先は里山風景。

またトンネルに入り、抜けると天見駅。またトンネル、抜けて紀見峠駅。トンネルを抜けるごとに、どんどん秘境の雰囲気が濃くなっていく。

と思ったら林間田園都市駅に着くと、周辺はマンション街。ここから終点の極楽橋まで各駅停車だ。

橋本で後ろ4両切り離し。この橋本と極楽橋の間を、観光展望列車「天空」が走っている。

ここから先は単線になり、左右の車窓を森に挟まれ、列車は緩やかに上っていく。車窓越しに谷を見下ろし、蛇行しながら森の中へ。

高野下駅の周辺は山景色。さらに上り下古沢駅。すでに山間の秘境駅の雰囲気だが、まだ下りない。

「次は〜上古沢です〜」

列車は速度を落として、飲み込まれるように森の中へ入っていく。そしてトンネル、抜けると上古沢駅に着いた。降りたのは俺ひとり。

上古沢　かつて森林鉄道も通っていた

緩やかにカーブする、狭いホーム。人と人がやっとすれ違える程度の幅しかない。

ホームの片側に崖が迫り、反対側はドーンと谷底へ

上古沢駅の、極限まで狭いホーム。崖の中腹だから仕方ないのだろうが、人が立つ場所の幅が、ほとんどない

「駅前通り」を下って、あてもなく駅周辺を目指す。何度も書くが快速急行停車駅の駅前である

駅前通りの途中で振り返り、駅を見上げる。周囲の景色に埋もれそうなほど、駅が小さい

紀伊細川駅の、白い木造駅舎。古いが不思議な品格が漂っている

上古沢駅に極楽橋行き普通列車が来る。緑の中に現れた、赤い車両が印象的

紀伊細川駅前の集落に下りて、駅があるほうを見上げる。駅は森に飲み込まれそうで、そこに駅があることが、一瞬わからなかった

崖肌に沿って延びる階段が、紀伊細川駅の入口。駅前に住み、毎日上れば、いい運動になりそうだ

上古沢駅の近くに残る、高野山森林鉄道のトロッコ道跡。こわごわとトンネルに入ったら、散歩する地元の人に出会って、ホッとするやら拍子抜けするやら

落ち込んでいる。山肌の斜面の中腹に、かなり無理して駅をつくった、そんな印象だ。

四方を山に囲まれているが、森の隙間に集落が見える。そこに住む人たちのために、つくられた駅? それにしては集落まで、かなり距離がある。

赤や緑色を配した華やかな駅名標は「こうや花鉄道」の文字が添えられ観光向け仕様。小さく「標高230m」と書かれている。

ホームの端っこに小さな駅舎があり、自動改札機がある。秘境に自動改札、なんだか不思議だ。そして改札を抜けた先に「近代化産業遺産認定証」が飾られている。2009年にここ上古沢駅と、このあと訪ねる紀伊細川駅と紀伊神谷駅を含む高野線の9駅及び高野山駅などが、高野山参詣関連遺産として近代化産業遺産に認定されたそうだ。

時刻表を見て、次の列車の時刻を確認する。日中は1時間に1~2本ペース。大手私鉄の本数としては少ないが、秘境駅としては多い。快速急行に乗れば、なんばまで1時間超、便利な秘境駅なのだ。

というわけで次の列車が来るまで約1時間、周辺を歩く。駅前にハイキングマップが掲示され、駅を出ると木造の立派なトイレがあり、左右に分かれる小道に案内表示が立っている。

右/古峠、二ツ鳥居を経て丹生都比売《にうつひめ》神社

左/笠木峠を経て二ツ鳥居

よくわからんが、左へ行く。細長い坂道が竹林の中へ続き、昼なのに薄暗い。小さい虫がいっぱい飛んでいて、払いのけつつ進む。

川のせせらぎが聞こえ、竹林を抜けると集落に出た。瓦屋根の古民家が並び、人の姿も見える。四方は変わらず山々に囲まれている。

駅からここまで徒歩10分弱だが、まさに里山の集落。ここから大阪中心部に通勤できてしまうのが不思議だ。

集落を横目に進んだ先に、短いトンネルがある。かつてこの場所を森林鉄道が通っていて、その軌道跡だそうだ。

明治時代の後半から、当時の日本の国有林では初めての森林鉄道が、高野山まで通っていた。だが戦後に高野山有料道路が建設されると、木材の搬出は鉄道ではなくトラックで行われるようになり、1959(昭和34）年に鉄道は廃線となった。

トンネルを抜けた先に別の集落があり、散歩をする人とすれ違う。バナナ林に薪が積まれていて、ここに住む人が、それなりにいる様子だ。駅は使っているのだろうか。

ここでタイムアップ、駅に戻る。戻ったタイミングで特急「こうや」が、特急とは思えないほどノロノロと通過していく。ホームに向かう通路を、トカゲが横切っていった。

11時22分発の普通・極楽橋行きが来た。車体に〝Hanamizuki（はなみずき）〟の文字。

紀伊細川　秘境駅でも有人改札

次の紀伊細川駅で降りた。ここも狭いホームに崖が迫り、上古沢駅と似ているが、ここはホームに駅員がいる。周囲は見渡す限り山と森で、駅名標に書かれた標高は363メートル、上古沢から1駅で133メートル上がっている。

極限まで狭い通路を抜けて出口へ。やはり自動改札機があり、近代化産業遺産認定証が飾られている。

駅の出入口に置かれたミニバイクは、駅員氏の通勤用か。そして狭い通路が左右に延び、道標が立っている。右に行くと「矢立《やだて》」、集落の名前らしい。

左には階段が延び、途中に猫がいる。猫に誘われ階段を下りる。道沿いに木々が茂り、隙間越しに集落が見えて、集合住宅もある。

おっ、神社がある。階段を下りて、小川に架かる橋を渡り神社へ。駅から徒歩10分足らず。

八坂神社。「交通安全」「厄除け」のノボリがはためき「家内安全」「子宝祈願」の絵馬が供えられている。縁結びと商売、厄除けと病気退散の神で「細川の祇園さん」として信仰されているようだ。

ここは高野山のお膝元だが、全ての人が高野山を信仰しているわけでもなさそうだ。軽く手を合わせたところで早くもタイムアップ、駅に戻った。途中にさっきと同じ猫がいて、逃げる気配は全くナシ。

駅に自動改札とは別に、小さい出札口があり、小窓の向こうに駅員氏がいる気配。「紀伊神谷お願いします」と言うと「160円です」と返事がして、駅員氏の手だけが見える。有人窓口で切符を買うのは久しぶりだ。

左・極楽橋駅で特急「こうや」と「天空」のツーショット／中・紀伊細川駅のとっても狭い通路／右・竹林に挟まれる紀伊細川駅前通り

左・駅前通り(坂道)から、白い木造の紀伊細川駅を見上げる。まるで普通の一軒家のようだ／右・紀伊神谷駅の簡素な待合室。壁の貼り物も少ない中で、近代化産業遺産の認定証が目を引く。ここまで来て「歩きスマホ」をする人はいるのか？

紀伊細川駅に来た、橋本行きの「天空」。路線は単線区間だが、駅は2面2線なので、ここで列車交換を行う

紀伊神谷駅に到着。島式ホームの両側に森が迫り、秘境度は前2駅より濃厚

南海
紀伊神谷駅

まず橋本行き列車が来て、極楽橋行き列車と交換――おっ、橋本行きは「天空」だ。せっかくの展望列車に、客が少なくてもったいない。乗っちゃおうかな、と一瞬思ったタイミングで、極楽橋行き列車が来た。

紀伊神谷　大手私鉄駅前にあるまじき秘境！

続く紀伊神谷駅も似たような駅かと思ったら、違った。ホームは島式で森に囲まれ、標高はさらに上がって473メートル。

森の中に駅舎があり、ここも駅員氏がいる。駅舎は三角屋根で家のよう、自動改札機付き。きれいな水洗トイレもあり、3駅の中でいちばん立派かも。

駅前に「高野古道コース」の道標が立ち……「コーヒーしらふじ350m」カフェがある？　ひと周りしたら一服していこうか。

さらに立派な散策マップも掲示され、神谷集会所0・3km、日本最後のあだ討ち所2・0km。ほかに旧白藤小学校など。あだ討ち所まで歩いてみよう。

だが歩き出した道は、カーブだらけの狭い林道。昼なのに暗くて怖い！　舗装道らしいが、落ち葉で埋め尽くされ地面が見えない。大手私鉄の駅前通りがこの道？

2階建ての家が1軒ある、と思ったら集会所。道ばたに道標らしき石が置かれ、文字が刻まれているようだが、全く読み取れない。

途中で上り坂が分かれ、進むとカフェがあるようだが、今はあだ討ち所を目指す。廃トラックが放置され「家具のナントカ堂」と書いてある。とにかく落ち葉だらけの道沿いに、森だけが茂っている。

あだ討ち所を目指して歩く――2kmなら30分程度で着くはずだが、1時間歩いても着かない。狭くてカーブする林道が、ただ続くだけ。道の片側は急斜面で、足を滑らせると遭難しそうで、今にも熊が出そうだ。闇雲に進むのはマズいかも。

街が恋しい。大阪王将で餃子を食べたい！

深追いして日が暮れると危険なので、途中で引き返した。とにかく大阪から1時間超で、ここまで秘境に来るとは思わなかった。

途中に「カフェしらふじ」に向かう坂道が。ここまで戻れば大丈夫、コーヒーを飲んでいこう。

坂を上ると民家があり、塀に沿って極細の道が延びる。進むと……あれ？ 突然、整った道に出た。車1台分の幅の細い道だが、白線が引かれている。

道の両側に家が並び、集落だ。途中に「ご成婚記念道程標」の看板と「SCHOOL」表示の案内板も。

林道で熊に怯えたのがウソのよう。ホッとするやら拍子抜けするやら、整った道を進むとカフェが見えてきたが――休みか。ちなみに木造平屋の建物は旧・白藤小学校の校舎だそうだ。

コーヒーが飲めないので、駅に向かう。集落は途絶え、道はたちまち森の中。「本当に着くのかな」と不安になりかけた時、ガタンゴトンと列車の音が聞こえ、木々の隙間を走る列車が見えた。ホッ。

ほどなくして、家みたいな神谷駅が見えてきた。

白藤小学校は2008（平成20）年に廃校となった。かつて神谷集落には20数世帯が暮らしていたが、今では10世帯以下に減っているそうだ。

1871（明治4）年に、神谷で「高野のあだ討ち」があったといわれている。

せっかくなので極楽橋駅でケーブルカーに乗り換え、高野山駅に行く。森の中をズンズン上り、駅の標高は867メートル。駅からバスで高野山に向かうと、ここまでの秘境がウソのような整った街並みにビックリ。高野山の寺の境内は広すぎて、どう参拝していいかわからず、途方に暮れて駅に戻った。

下車した3駅は秘境だった。こんなに秘境だとは思わなかった。

極楽橋から特急「こうや」で、あっという間になんばに戻った。その足で新世界に行き、大阪王将本店でビール片手に餃子を頬張ると――神谷駅前の落ち葉の道を歩いたのが、遠い昔の出来事に思えた。

大阪王将本店

JR宗谷本線

後編　稚内発着

宗谷本線の秘境駅は一度の旅で周りきれず、２回に分けての後半戦だ。名寄発着の前半より、さらに普通列車の本数が少なくて、１日１駅しか探訪できない牛歩ぶり！　これぞ秘境駅、と足取り勇ましく出かけると、そこには「熊注意」の警告が。どうなる後半戦!?

1日目

稚内 6時36分➡(特急サロベツ)➡**音威子府** 8時37分／9時08分➡**南幌延** 10時24分／11時55分➡**天塩中川** 12時29分／15時56分➡(特急サロベツ)➡**稚内** 17時23分

ゲートシティ・稚内

というわけで、いったん東京に戻り、再訪した。旅の拠点は稚内だ。

訪ねたい駅は3駅。バスや車を使わず列車だけで3駅を訪ね、しかもほどよく1～2時間滞在するにはどうしたらいいいか。スケジュールをあれこれ組んだ挙句、稚内発6時36分の特急「サロベツ」で音威子府まで行き、折り返しの普通・稚内行き列車で3駅を訪ね、そのまた折り返しの普通・名寄行きで南に下って特急停車駅で降り、さらに折り返しの特急で稚内に戻ることにした。1日1駅ずつしか行けないが、これぞキング・オブ秘境路線の旅なのだ。

早朝6時前に稚内のホテルを出たタイミングで、日が上る。街の近くに海が広がり、水平線に顔を出した太陽が、景色をオレンジ色に染めていく。

海の向こうはロシアだ。壮大な国境の夜明け。足取りも軽く、稚内駅に向かった。

6時ちょうどに駅前のセイコーマートが開き、車内で食べる朝メシを買う。駅の窓口が6時10分に開き、切符を買い、改札が開きホームに行くと特急「サロベツ」が待っていて……おやっ？

4両編成のはずが、1両多い5両編成。サロンカーが増結され、予約なしでも乗れるのだ！　窓に面したカウンター席に陣取り、セコマ朝メシを並べると、ほどなく列車は動き出した。

流れる車窓を愛でながら、セコマ朝メシを——まだ開けない。次の南稚内までは市街地だ。パノラマ風景が広がり出すまで待とう。

南稚内を過ぎると、街景色が途切れた。車窓は原野に変わり、海が広がる——海の向こうに三角山のシルエット、利尻富士だ！

ここでセコマ朝メシを開ける。海苔巻きにゆで卵とバナナ、飲み物はソフトカツゲン！　利尻富士を眺めつつゴクゴク飲んでいると「利尻富士」の案内板が車窓を通過！　海は路線から次第に離れ、牧草地が広がり出す。牧草ロール、赤い屋根のサイロ。北海道に来た。

豊富、幌延に停まり、牧場風景は続く。牧草地に数えきれないほどの、白地に黒ブチのホルスタイン！

列車は進み、明日降りる雄信内《おのっぷない》駅を通過。ホームに三脚を立て、列車を撮る人がいる。そして天塩中川に停まり、音威子府に着いて、降りた。

ここで稚内行き普通列車を待ち、折り返し（改札は一度出た）。ログハウス仕立ての音威子府駅には「交通ターミナル」の表示も。かつてオホーツク海沿岸経由で稚内に向かった天北線も、ここから出ていた。今は天北線ルートをバスが運行している。

改札口に「開駅110周年」の垂れ幕。スタンプがあり、手帳に押すと「木の香る駅」の文字。

音威子府は道北を代表するターミナル駅で、少し前まで構内に駅そばもあった。だがいま稚内行きの列車を待つ客は、俺しかいない。

稚内行き普通列車が来た。1両編成、客がけっこう乗っている。旭川を6時03分に出て、稚内に12時過ぎに着く壮大な普通列車。鉄道ファンらしき客が多く、皆さん乗り通しだろうか。

列車は進み、前回降りた筬島駅へ。客の数人が窓を開け、駅の写真を撮る。「俺はこの前、そこで降りたぜ」と言いたい衝動に駆られる。

再び天塩中川駅。続く問寒別駅の駅舎は簡素な貨車駅舎だが、駅前はなかなかの住宅街だ。

天塩川を渡り、雄信内駅で若者がふたり降りる！　彼らも秘境駅めぐりだろうか。熊が出そうな駅前だから、気をつけて頑張れ！

そして「次は南幌延〜」のアナウンス。稚内を出て3時間47分、やっと1駅目の南幌延に着いた。

南幌延　ホルスタインが昼寝

これまた簡素な駅だ。板張りのホームは、手すりもフェンスもなく板だけ！　瑞穂駅とよく似ていて、とにかく小さい。しかも高さがあり、風に煽られ転落しそうだ。

ホームから続くスロープを降りると踏切があり、1

朝日を浴びる稚内防波堤ドームを見つつ、稚内駅へ。ドームは稚泊航路が開設されていた頃の遺産でもある

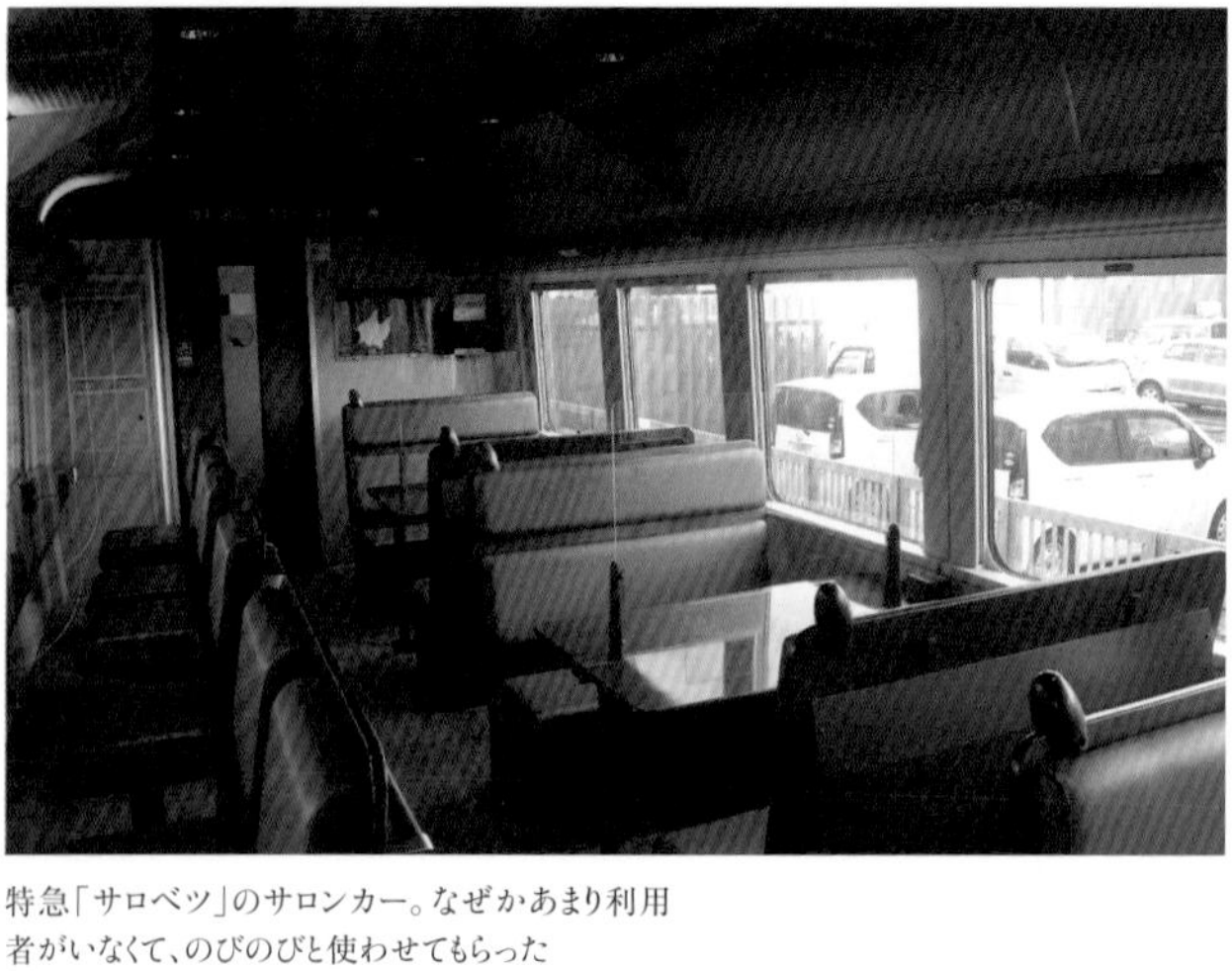

特急「サロベツ」のサロンカー。なぜかあまり利用者がいなくて、のびのびと使わせてもらった

上・南幌延駅、これまた薄い板張りホーム／下・南幌延駅の待合室。小さく自己主張するキャラクターは「ミナミほろりんさん」

特急で音威子府まで行き、稚内行き普通列車で折り返す。3日連続でこの列車に乗り、1日1駅ずつ秘境駅を探訪した

車窓に時おり姿を現す天塩川。かつてはこの水運が、道北の人とものの往来を担っていた。晴天の下、雄大な流れが美しい

フェンスもなく、途中でブチッと途切れる、南幌延駅の板張りホーム。降り立つには平衡感覚が必要で、酒に酔った状態では降りたくない

本道が交差して果てしなく延びている。周辺は見渡す限り、草原だけ。

赤い三角屋根の待合室がある。物置サイズの小ささで、壁に牛の？　キャラクターが描かれている。今にも躍り出しそうな、陽気な牛。

中に入ると、壁を埋め尽くすお誕生会風色紙飾りと「祝・還暦」と書かれた紙が下がる。同じ宗谷本線の抜海駅の水彩画ポスターに「旅が、うまれる駅」のコピー。

駅のデータも貼られ、所在地は幌延町南幌延だが手書き文字で「現：開進」と修正されている。周辺の地名は「開進」なのだ。起点（旭川）からの距離は191.6km、開業年月日は昭和34（1959）年11月1日、還暦突破。

時刻表を見ると、往復とも1日3本。稚内行きは6時50分、10時24分、18時20分。名寄行きは6時33分、11時55分、19時23分。俺は稚内行きで10時24分に着いて、11時55分発の名寄行きに乗る。次の稚内行きは、まさかの8時間後。

そして――熊出没注意のポスター！　ヒグマの目撃情報マップも貼られ、つい最近、雄信内駅近くでも目撃されている。昼間も出るのだ！　俺は明日、雄信内で降りて歩く予定だが、大丈夫だろうか。

ほかに雪かき道具一式と「ご自由にお持ちください」宗谷本線のポスター。そしてファイルに入った駅ノート――なんと「盗まれたノートを写真で複製したものです。持ち去り厳禁」とのこと。盗むな！

木のベンチに「グリーン座席指定」の文字、予約席なのだ。予約していないので座るのは遠慮した。

隅々まで見たが、列車が来るまで1時間15分。熊に遭わないことを祈りつつ、歩いてみよう。

ここも駅前電柱に「幌延の地下研究施設は最終処分場としない～」告知。そして駅の西側を道道が通り、歩道がない狭い道を、車が飛ばしていく。

でも渡った先に砂利道が延び、家が数軒。「南上幌延集会所」もあり「獣魂碑」が立っている。

集落がある。だから駅が造られたのだろう。ここに住む人たちは、駅を利用しているのだろうか。

東へ延びる道も歩いてみる。「基幹農道」の表示に「第2開進地区」の文字。開いて進む地区なのだ。

道の両側は、牧草ロールが転がる牧草地。途中で「パンケオートマップ川」に架かる「月見橋」を渡り、その先も牧草地——ホルスタインがいっぱいいて、お腹を地面にペタンとつけ集団昼寝！　日差しを浴びてスヤスヤ眠り、気持ちよさそうだ。

広がる牧草地、日差しにまどろむ牛。一本道と、青い空に白い雲。気持ちいい。何もないけど。

——プアーン！　11時40分、警笛を響かせ特急「宗谷」が通過。札幌を7時半に出て、4時間10分かけて、はるばるここまで来たのだ。

同じ北海道でも大都会・札幌と、牛が寝そべるこの駅前は、まるで別の場所だ。それが鉄路でつながっていると思うと、不思議で仕方ない。

もうすぐ11時55分発の名寄行きが来る。乗り遅れると次は8時間後なので、駅に戻った。そしてホームに立つ駅名標をよく見ると、隣り合う駅名に修正の跡がある。隣の駅は廃止されたのだ——。

南幌延駅は2021年に、幌延町の維持管理に移行。その時、隣の上幌延駅と安牛駅は廃止された。南幌延駅は「廃止2駅の中間点にある」という理由で、辛くも廃止を逃れた。

この駅は生き残った。周辺に小集落と牧場がある以外に、これといって何もないけど。

牛が昼寝から起きて、草を食んでいる。名寄行き列車が、時刻通りにやって来た。

天塩中川で鉄板焼きカツカレー

オマケ。南に進み、天塩中川駅で降りた。木造駅舎の構内に「開駅100周年」の垂れ幕が下がり、なぜかギターが置かれている。ストーブがあり、ここにも「あっ、ヒグマだ！」のポスター。

「中川町のいいところ」案内貼り紙に「道の駅なかがわのカツカレー」情報が！　昼メシを食べていないので、カレーを目指し街に出る。「歓迎　ふるさと中川町」と書かれたゲートをくぐり、中川市街へ！

……ゲートが派手な割に、店は多くない。西条Qマートと旅館、スナックぽん太。ポンピラ温泉まで1.4㎞。どんな意味なのかポンピラ。

天塩川を渡り、道の駅へ。中川駅に人はいなかったのに、こっちは人がいっぱい！　今や「駅」といえば

普通列車の車両後部の窓越しに、糠南駅のホームを眺める。これを下回る簡素なホームの駅は、どこかにあるのだろうか

南幌延駅を背に、砂利道を進んだ先に駅前集落がある。駅から徒歩5分、列車のタイミングさえ合えば、なかなか便利な場所だ

南幌延駅前名物、ホルスタインの集団昼寝。このあと一斉に起きたので驚いた

天塩中川駅から道の駅に向かう途中、天塩川を渡る。青空と雲を鏡のように映し、美しい

南幌延駅に名寄行き普通列車が来る。これを乗り逃がすと、次の列車は8時間後だ。どうでもいいが、ホームと乗車口の高さの落差が大きくて、踏み外しそうになった。秘境駅の乗車は乗り込むまで、油断は禁物だ

天塩中川駅の待合室。特急停車駅なので、まさか無人駅とは思わなかった。めでたく開業100周年

上・晴天の雄信内駅に降り立つ／下・雄信内駅を背に延びる道は、すぐT字路にぶつかり、左右どちらに行くか迷った

鉄道ではなく、道の駅なのか。

カレーは鉄板で焼かれ熱々で、特大カツとフランクフルトが3本入り大満足！　だが駅に戻り、稚内行き特急に乗る時に戸惑った。特急停車駅なのに無人駅で、券売機も乗車証明書発行機もない。特急だから整理券もないだろうし、どう乗ればいいのか？

トイレの紙を交換する人が来たので聞いてみると「車掌が見ていて料金をもらいに来るから大丈夫」という。本当かな？　と思いつつ言われた通りに乗り、再びサロンカーでくつろいでいると、車掌のお兄さんが料金を徴収に来た。アナログだ。

稚内に戻ると17時過ぎ、居酒屋の明かりが灯っていて、そのまま飲みに繰り出したのだった。

2日目

稚内 6時36分➡**(特急サロベツ)**➡**音威子府** 8時37分／9時08分➡**雄信内** 10時14分／12時04分➡**音威子府** 13時08分／15時25分➡**(特急サロベツ)**➡**稚内** 17時23分

雄信内 駅前に街の残像

2日目も快晴。再び稚内で国境の朝日を見て、6時36分発の特急「サロベツ」に乗る。サロンカーは連結されていない。一日おきらしい。

セコマ朝メシはシュウマイ弁当と、豊富町の生乳の飲むヨーグルト。再び車窓に利尻富士を見て、2時間揺られ音威子府で降り、折り返しの普通・稚内行きに乗った。

車内は鉄道ファンらしき客で満杯、自転車を持ち込んでいる人もいる。こんなに乗るなら、車両数と本数を増やせばいいのに。

雄信内で降りる。ホームは2線2面の相対式。ホームに沿って草むらが広がり、その背後は森で、草むらには黄色い花がいっぱい咲いている。

駅舎は年季が入り、壁は板張りで、屋根は青いトタン張り。筆書きの駅名標が歴史を感じさせる。

待合室の壁には、宗谷本線ポスターと時刻表。そして「幌延町内　秘境駅・無人駅耳寄り情報」と「駅近辺の見所」案内も。

北緯45度の駅・上幌延へようこそ！　踏切渡り徒歩5分、長応寺。

南幌延／母なる天塩川の畔（ほとり）、正しい無人駅へどうぞ！

鮭綱引き伝説の里、安牛に寄りませんか？　駅南側に三日月湖。

レトロな現存木造駅舎・雄信内、観て行って！　南へ徒歩10分、下平橋。

——上幌延駅と安牛駅は、もうない。2021年春のダイヤ改正で、廃止された。

さらに「熊出没注意」の貼り紙。駅の周辺でヒグマの目撃情報が相次ぎ、昼間も目撃されている。もし目の前に熊が現れたら？　不安だが、駅前滞在時間は1時間50分。その間に遭遇したら、俺はよほど運が悪いのだろう。とにかく歩きだす。

駅がある場所は幌延町雄興で、駅名と同じ雄信内集落は、天塩川を渡った先の天塩町にある。駅から距離があるので、速足で進む。

雑草が茂る道ばたに、崩壊した家の廃材と、閉じた工場。朽ち果てた光景に言葉を失う——押し潰されそうな柱と柱の隙間に赤とオレンジ、二色の庇が見える。「竹内商店」の文字。

店があったのだ。この雑草の森に。

雄信内駅の開業は1925（大正14）年。駅ができて天塩川に橋が架かると、駅周辺に市街地が形成された。食料品店に菓子店に旅館、豆腐屋に鉄工所などがあり、200人以上が住んでいた時期もあるそうだ。

だがかつてにぎわった駅前通りも今は、草だけが茂り人の気配もなく、無残な姿をさらしている。

バサバサッ！　雑草の森が揺れた。熊？　と思ったら大きな鹿が2頭、森の奥へ駆けていった。すぐそこに鹿がいることに、全く気づかなかった。気配を消して森に潜む、野生動物。もはや「熊が出ませんように」と、祈るしかない。

雄信内大橋を渡る。全長504m、標識のアルファベット表記は〝Onobunai〟。駅は「おのっぷない」だが、どちらが正解だろうか。

大橋を渡りながら、天塩川を眺める。青空と白い雲を鏡のように映し、河川敷の草原に黄色い花が無数に咲き、美しい。

上・3日連続で降り立った音威子府駅。ホームに丸太で作った機関車が置かれていた／中・雄信内駅のホーム。2面2線の立派なホームが、かつて駅前が栄えていたことをうかがわせる／下・駅前で見た、竹内商店の残骸

音威子府駅の近くで見た「音威子府そば」の店。伝統の黒いそばは、もう永久に食べられないのだろうか

糠南駅の板張りホーム。ここまで何度も見たタイプのホームだが、板と板の隙間が気になる……

糠南駅の待合室の中。狭いけど、必要最低限のものはそろい、雨風と豪雪もしのげる

音威子府駅の中にミニ博物館があり、天北線のいろいろなグッズを展示している。鉄道ファンなら、ぜひ立ち寄りたいスポットだ

青と赤を配した屋根が鮮やかな、雄信内駅の駅舎。歴史の風格を漂わせるだけに、駅前が寂れてしまったことは残念だ

だがこの道もトラックが多い。歩道がなく狭い道を、ゴオオッとブッ飛ばすので落ち着かない。道の真ん中に、茶色くて丸いもの――小動物の死体だ。車に撥ねられたのだろう。

人が住み、道が通るずっと前から、たぶんここには動物たちが暮らしていた。だが今は、車が我が物顔で走り抜ける。

駅から30分強歩き、国道40号に突き当たった。家が数軒立ち、車の整備工場もあり「ゴミステーション」に「天塩町東雄信内1」の表示。

雄信内市街に着いたようだ。そして「通学路」の標識が立つ先に、啓徳小学校がある。校舎に下がる垂れ幕に「夢、希望、未来」の文字。

そこから先は家が増え、もはや秘境ではない。市街が広がり、役場支所に駐在所、郵便局にAコープもある。残り時間もないので学校前で折り返し、来た道を戻った。

雄信内集落から雄信内駅まで、徒歩で30分以上かかる。そして列車は上下とも、1日3本ずつ。利用する人は――限りなく少ないだろう。

雄信内駅も廃止の危機にさらされた。存続させる場合は、駅がある幌延町の税金で、維持費用を負担する。存続について「天塩町の」雄信内の人たちは関心が薄く、幌延町民側からも否定的な意見があったそうだ。

最終的には幌延町が「宗谷本線の歴史を伝える上で、雄信内駅の木造駅舎は貴重」として、存続させることになった。この駅も2021年4月から、幌延町による維持管理に移行している。

鹿が出た付近まで戻ると、道ばたに花壇があるのを見つけた。きちんと整えられ、誰かが花の世話をしている様子だ。それは雄信内駅周辺で、この日唯一感じた「人の気配」だった。

駅に戻ると12時、サイレンの音が「プワーン」と響き渡る。この音を合図に仕事の手を休め、弁当を広げる人が、駅前のどこかにいるのだろうか。

音威子府で常盤ラーメン

2日目もオマケ、音威子府に2時間ちょい滞在。

駅前にそば屋「ふじや食堂」があるが、開いていない。近くを通る国道にも「音威子府そば直売　一路」という店に「秘伝　黒いそば」の看板が架かっているが、シャッターは閉まっている。天塩川温泉でそばにありつけたのは、運がよかったようだ。

道の駅に行くと食堂があり、黒いそばも出していたようだが「次のそばが完成するまで、しばらくの間ラーメンのみとなります」とのこと。代わりに推しているのが「常盤ラーメン」。

北見の老舗・津村製麺所と4か月半の試行錯誤を経て開発された、オホーツク津別産小麦を配合したコシのあるツルツル麺。しょう油、塩、味噌、辛味噌の厳選タレはオリジナル仕込みで、拳骨と背骨と鶏ガラを9時間半煮込んだダシに、利尻昆布と三石昆布をブレンド。トッピングは「シミシミの」麩、白ナルト、軟白ネギ、ロングメンマ。ほかに稚内ブランドのホタテジオも使用、などなど。

音威子府村はかつて「常盤村」で、駅そば屋も「常盤軒」だった。だが村名が変わり、そば屋が閉じ、消えそうな「常盤」の名をラーメンで復活させた。以上、卓上に置かれた説明書きより。

気合満点の常盤ラーメンを食べる。ズルズル。美味いけど、名物にするなら「ひとクセ」ほしいかも。とにかくそば屋が閉じた今、この街の貴重な昼メシであることに間違いない。

音威子府村は道内人口最少の自治体で、2022年11月末時点で667人。天塩川の水運と鉄道の結節点として発展し、オホーツク方面に天北線が分岐すると、交通要衝としてさらに栄えた。最盛期には国鉄関係者と家族が多く住み、人口は約5000人を数えた。

だが国鉄合理化と分割民営化、天北線廃止と駅業務縮小で、街に住む国鉄マンが減り人口激減。そして観光の目玉だった黒いそばも、なくなった——。

かつて天北線が通ったオホーツク方面に、今はバスが走る。枝幸行きが1日3本、浜頓別経由稚内行きと、鬼志別行きが各1本。

枝幸行きが出るタイミングで、バスの切符売り場にオバアちゃんがひとり来る。窓口のご婦人に「寒くなったねー」と言いながら、笑っていた。

ヌカナン川に架かる、新糠南橋を渡る。糠南の地名の元になったのが、橋の下を流れるヌカナン川だ

道ばたに神社の鳥居が現れ、問寒別の集落が近いことを実感する。直前にヘビを見たので、中には入らず

問寒別駅の貨車駅舎。手入れが行き届いていたが、以前の隆盛を知る人には「貨車」の駅舎は寂しいかも

美深駅。年季の入った跨線橋を渡って、ホームから出口へ向かう。特急停車駅だが、乗降客は少なかった

糠南駅の全景。端っこの物置待合室が、待合室にまったく見えない。豪雪の日は吹雪に隠れて、駅自体が見えなくなりそうだ

ひと駅歩いて問寒別駅へ。こちらも十分秘境だが、ホームが板張りではない

駅近くを流れる下ヌカナン川。ささやかな小川だが、貴重な駅前名所のひとつだ

問寒別駅前。車線が引かれた道の両側に家が並び、なかなかの市街ぶり。糠南から来ると都会に見える?

3日目

稚内 6時36分⬇(特急サロベツ)⬇**音威子府** 8時37分／9時08分⬇**糠南** 10時06分 〜(徒歩)〜 **問寒別** 12時15分⬇**美深** 13時49分／14時51分⬇(特急サロベツ)⬇**稚内** 17時23分

糠南 宗谷本線で秘境度ナンバーワン?

またも早朝の稚内を同じルートで出発し、音威子府から普通・稚内行きに乗った。

この日は9月最初の日曜日、稚内でマラソンが開催され、前夜の稚内のホテルが取れなくて苦労した。直前に稚内ドーミーインが1部屋空いたが、まさかの2万6000円！ 仕方なく泊まったが、受け入れキャパの小さい街で、デカいイベントをやるのはやめてほしい。

音威子府発の普通・稚内行きに乗ると、日曜のせいか満席！ 旭川からぶっ通しで乗っているのか、グッタリした人が多い。列車は北へ。

糠南《ぬかなん》で降りた。史上最大の簡素なホーム！

板張り&手すりがないのは南幌延と同じ。だが板張りの板と板に隙間があり、ホーム下の地面（草原）がスケスケに見える。

極限まで小さい待合室があり、物置のようだと思ったら本当に「ヨドコウ」というメーカーの物置だそうだ。壁に時刻表と料金表と、トイレの案内。

「当駅にトイレは設置しておりません」

と印字された脇に「人がいなければ、ココの真下でも可。紙は自己責任で」と手書きされているが、本当はダメなはずだ。

ほかに殺虫剤と温度計、雪かき道具。布をかぶせたビールケースは椅子の代わりか、以上！

閉所恐怖症になりそうなので、外に出る。周辺は見渡す限りの牧草地に牧草ロール、天然花畑、山。聞こえるのは虫の声だけ。

普通・名寄行きが来るのは約2時間後だが、さすがにここで2時間は過ごせない。そして時刻表を見て、ピンとひらめいた。隣の問寒別駅まで2・2㎞、歩いてしまおう。

線路に並行する道を、問寒別方面に歩きだす。車が全然通らないので、歩きやすい。

おっ、畑を移動するトラクター、人がいる。駅前に畑を持つ人がいるから、駅があるのだ。

下ヌカナン川に架かる1号橋を渡ると、2階建ての家がある。ただし廃屋。その先に倉庫があり、こちらは入口に薪が積まれ、現役の様子だ。

T字路に突き当たり、駅を目指して右に曲がる。車線つきの立派な道だ。そして道沿いにトタン屋根カマボコ型の倉庫がある。

さらにヌカナン川に架かる新糠南橋を渡ると、三角屋根のログハウスも。何もないわけじゃない。

と油断しかけた足元に、死んだばかりのヘビが!

驚きながら進むと、水道施設関係の小屋に「山火事注意」「問寒別霊園入口」の看板。徐々に「人がそこで生活している」気配が濃くなっていく。

さらに問寒別西集会所、ゴミ置き場。草原に白い鳥居が立ち、くぐった先に神社があるようだが、ヘビが出そうなので(熊も)くぐらない。

問寒別川を渡る。川に宗谷本線の陸橋も架かっている。そして渡った先は、整った市街だ!

道の両側に家が並び、もう秘境ではない。北大北方生物園天塩研究林、白壁の集合住宅、郵便局、小中学校。宅配便の車が走り抜ける。

そして道沿いに「ゆっくり走ろう問寒別」の看板、信号、ゲストハウスも!

踏切の警報機がカンカンと鳴り、特急が来る。踏切の手前に家があり、物干し竿に布団が干されている。布団の背後を特急通過!

さらに閉じた商店跡と建築会社と、スーパー「Qマート」がある。昼メシを買おう! と思ったら日曜で休み、でも自販機があり飲み物ゲット。

ほどなく問寒別駅に着いた。貨車を改造した小さな駅舎の壁が、貼り物で埋め尽くされている。

砂金と石炭で栄えた問寒別

新聞記事がいろいろ。1958(昭和33)年11月の北海道新聞(以下「道新」)に「灯消えたヤマに冬越す人々　閉山した幌延炭鉱」の見出し。

漫画「トイカムベツ歴史探検隊」。問寒別に人が住み始めたのは1905（明治38）年。当初は交通手段がなく、市街まで1日がかりで買い物に出かけたが、1923（大正12）年に天塩線（後に宗谷本線になる）の問寒別駅が開業し、市街が整っていく。

砂金が発見され、人が集まり問寒別は栄える。1930（昭和5）年には殖民軌道問寒別線（のちに幌延町営軌道）が敷かれ、旅客を運んだ。

石炭も発見され幌延炭鉱が開業。軌道は石炭を満載して一日に何往復も走り、600人が生活した。学校が5つもあり、問寒別はにぎわった。だが1958（昭和33）年に炭鉱が閉山、人は減り始め、鉄道を使う人も減っていった。

1970（昭和45）年、町営軌道は廃止。そして1986（昭和61）年11月の、道新の記事。

「無人化の問寒別駅、63年の歴史しのび　駅職員、住民ら別れの宴」

駅の無人化が決まり、問寒別を去っていく国鉄職員たちと、送りだす住民の宴。寂しげな宴会風景の写真が掲載されている。

昔の駅舎のモノクロ写真。三角屋根にニュッと延びる煙突、立派な建物。3両編成の汽車が来る。機械が並ぶ駅員室で、作業をする駅員さん。

……ん？　道新2017年9月の「駅名看板盗難！雄信内と問寒別で」の記事。とにかく多くの駅で、盗難が頻発しているらしい。

貼り物を見る。トイ・カン・ベツはアイヌ語で「土砂を流す川」の意味。ヌカ・ナンはアイヌ語で「鳥の巣を置くところ、小さい原野」の意味。

貨車駅舎のそばに花壇があり、色とりどりの花が咲いている。赤、黄色、ピンク。

12時が近づき、腹が減る。Qマートは開いていないが、稚内のセイコーマートで昼メシを買っておいた。北海道名物、ようかんパン。

バクバク食べていると、12時のサイレンがプワーンと鳴り、続いてベートーヴェンの第九のメロディでチャイムが流れ出した。

北海道は仮乗降場が多い

糠南駅は1955（昭和30）年に、仮乗降場として

牧草ロールが転がる牧草地の風景が、車窓を流れていく。宗谷本線ならではの風景だ

南稚内駅前の市街地に現れた、鹿の群れ！　ここ数年は、北海道の鉄道沿線に鹿がよく現れるが、まさか街で遭遇するとは

下沼駅。「ぬまひきょん」でお化粧直しされた駅舎は、なかなか見ごたえあり。せっかくだから見に行ってみよう、もちろん列車で

下沼駅前の湧水サロベツ権左衛門。水の名前が「権左衛門」なのが面白い

下沼駅の待合室に置かれていた、駅ノートとスケッチブック、のりと消しゴムも

開業した。国鉄時代、駅を設けるほど利用者は見込めないが、駅間の距離が長いなど「そこに乗降場があると助かる人が一定数いる」場合について、低予算で煩雑な手続きもいらない仮乗降場が多くつくられた。特に北海道には多かったそうだ。

大半は簡略な設備で、乗降できる最低限の大きさの木製ホームと、数人でいっぱいになる小さな待合室が置かれただけ。車両1両ぶんにも満たない小さなホームは「朝礼台」とも呼ばれたそうだ。

1987(昭和62)年の国鉄分割民営化の時、仮乗降場は「駅」に昇格したが、大半が設備はそのまま。それでこんなに簡素な「駅」があるのだ。宗谷本線では糠南駅のほか瑞穂、智北、初野、天塩川温泉駅も、元は仮乗降場として開業したそうである。

糠南には1909(明治42)年に2戸が入植、その後10戸以上が居住した時期もあったそうだが、今は駅周辺に牧草地が広がるだけ。この駅も廃止の危機に陥ったが「秘境駅による観光まちおこしの象徴的な存在である」という理由で存続、2021年から町による維持管理に移行している。

駅周辺は今でこそ「幌延町問寒別」だが、以前は「ヌカナン」の字名があったそうだ。糠南の名は、ヌカナン川に由来している。

普通・名寄行きで美深まで行き、特急で稚内に折り返し。美深駅前の道に、黄土色の落ち葉が大量に落ちていると思ったら――なんと全部、巨大な蛾!「クスサン」という蛾で、2022年夏に空知と上川に大量発生、大問題になっているそうだ。羽毛がプワプワ生え、まるでモスラ! 毒はないそうだけど、さすがに気持ち悪い。

駅売店で「白樺樹液100%」ドリンクを買い、駅前公園でグビグビ……甘いかと思ったら、水みたいで拍子抜け。その公園にスッポンポンの女性全裸像が立っていて、大事なところも全開で「いいのかな?」と頬を赤らめた57歳の俺だった。

稚内に戻る特急が、幌延駅の手前で鹿にぶつかり30分停車。とにかく3駅周るのに3日がかり、つくづく大変な路線なのだ、宗谷本線。

4日目

稚内 5時21分⬇下沼 6時16分／7時07分⬇稚内 8時08分

宗谷本線の旅も終わり、と思ったら最終日の朝にもう1駅行けることが判明した。稚内5時21分発の始発に乗れば、下沼で約50分滞在できる。稚内に戻ったらホテルで朝メシ、昼は洋食の「ボリューム亭」でカツカレー。稚内11時55分のバスで空港に行き、13時15分の飛行機で羽田に戻る。完璧だ。

3時に起きて（！）5時前にホテルを出た。日は昇っていないが、うっすらと夜が明け、雲が黄金色に染まっている。稚内の朝は本当に美しい。

カンカンと踏切の音が響き、まだ暗い5時過ぎのホームに名寄行き普通列車が入線、1両編成。俺を含め3人だけ乗せて、出発した。

車窓を稚内の市街が流れ、家と家の隙間に日が昇る。やがて街景色は途切れ、再び利尻富士を眺め、抜海駅停車。木造駅舎に白抜き筆文字の駅名標。車窓に牧舎を眺めながら、続いて勇知駅へ。

地平線まで広がる牧草地に、何頭ものホルスタイン——列車はガクンと減速、窓の外を見ると、鹿が4頭駆けていく。兜沼駅へ。

再び牧草地に牧草ロール、豊富駅へ。そして列車は下沼駅に滑り込んだ。

下沼 妖怪が守る駅

ホームは砂利と雑草で埋め尽くされ殺風景。だがクリーム色と水色のツートンカラーの貨車駅舎が立ち、壁に謎の生き物？ の絵が描かれている。駅舎を模したからだに可愛い目と口、手と足、顔にキズ。

駅舎に入ると、ベンチに色とりどりの座布団、旅人ノート。電話箱の上にキリンやシカ、トナカイのぬいぐるみと、クリスマスリースが置かれている。

ここも壁を貼り物が埋め尽くし、2017年の道新記事に「妖怪も一役　駅舎大変身」の見出し。

下沼駅は1926（大正15）年開業、利用客減少などで1984（昭和59）年に無人化され、駅舎が貨車駅舎に変わった。だがポツンと佇む駅舎を明るく飾ろうと、有志が「お化粧直し会」を開催した。

壁に描かれた生き物は、幌延町が行った下沼駅キャラクターコンテスト大賞受賞作、妖怪「ぬまひきょん」。下沼の「沼」に「秘境」の掛け合わせ。

往時を知る人の談話。昔は駅長がいて、にぎやかだった。列車で隣の南下沼駅へ行き、通学した。

南下沼駅近くに学校があったが、1982(昭和57)年に閉校、駅も2006(平成18)年に閉じた。

壁に何枚もの写真とスケッチ。雪の中、下沼駅に停車する4両編成の列車。駅名標、利尻富士。

キリンやトナカイの人形は、この駅を訪ねた旅人たちの、置き土産だそうだ。

駅西に延びる一本道を歩く。牧草地が広がる奥に家が数軒。住人達は駅を利用しているだろうか。

道ばたに水道があり、水が流れている。水は湧水サロベツ権左衛門。1954(昭和29)年から自噴する地下水で、天然ミネラル水。「サロベツ地域の開拓者の山田権左衛門さん」に由来する水だそうだ。

さらに馬の霊を慰める馬頭観世音も立ち、水道と合わせて駅前名所がふたつある。あとはとにかく牧草地に牧草ロール、時おりモオオッと牛の声。

50分はすぐ過ぎて、駅に戻り普通・稚内行きに乗った。朝は学生が多く、宗谷本線の「日常」を、ようやく見た気がした。

宗谷本線の駅は想像以上に秘境だったが、どれも「生き残った駅」だ。存続かなわず消えた駅の周辺には、どんな秘境風景が広がっていたのだろうか。

車窓が街景色に変わり、南稚内駅に着く。さらに大量の学生が乗り、列車は稚内へ。

と思ったら列車がガクンとスピードを落とし、大きな警笛がプワーンと響く。まさか?

思わず窓の外を見ると、線路脇をシカが4頭、ゆうゆうと歩いていく。車も行き交う街角で、彼らは焦って逃げる素振りも見せず、道ばたの雑草をムシャムシャと食べていた。

JR
女鹿駅
Mega Station

JR羽越本線

東北の鉄道は秘境駅に事欠かないので、いろいろ探訪することにした。

旅情が期待できる一方で、秘境駅が多いのは……過疎や疲弊が進んでいることの裏返しでもある。

日本海側を縦断する羽越本線は、探訪の直前に豪雨災害で、甚大な被害を受けたばかり。

東北ならではの素朴な雰囲気は健在だろうか。

酒田に泊まれず、初めての羽後本荘へ

酒田にホテルを取って周ろうと思い、宿泊サイトでググったら、1部屋も空いていない！　9月の酒田は、そんなに人気があるのか？　まさか例の、なんちゃら旅行支援のせい？

とにかく特急「いなほ」が停まる駅で、ほどよいゲートシティはないだろうか？　と調べたら羽後本荘駅前に空きを見つけ、予約した。

ってか羽後本荘ってどこ？

新潟から村上、鶴岡、酒田経由で日本海沿岸を進み、秋田に至る羽越本線。「トワイライトエクスプレス」も走った路線だが、今や優等列車は快速と、特急「いなほ」が走るだけだ。そして長大な路線だが赤字傾向で「秘境駅」が存在する。

今回訪ねたい3駅は、列車交換のための信号場として、1950〜60年代に開設された。そして1987（昭和62）年の国鉄民営化に伴い「駅」になった。晴れて「駅」になったものの、停車する列車は少なく、普通列車も大半が通過する。

その3駅は折渡、女鹿、そして桂根駅である。

上野から羽後本荘へ行くには、秋田新幹線「こまち」に乗り、秋田周りで行くのが早い。だがせっかくの「日本海路線」羽越本線の旅だから、日本海を眺めながら行きたい。

というわけで新潟から特急「いなほ」で行くことにした。突然泊まることになった羽後本荘は、秋田県南部の由利本荘市の駅である。

上野からほぼ2時間で新潟に着き「いなほ」に乗り換え羽後本荘へ。新潟から所要3時間11分、上野─新潟間より時間がかかるのだ。

新潟市街を抜けると、車窓は一面の田んぼ、日本海は見えない。そして出発からほぼ50分後──。

「まもなく村上です〜」

思わず車窓に目を凝らす。2022年8月頭、新潟の下越地域は豪雨に見舞われた。特に村上市は被害が大きく、床上浸水が500軒以上。

ここ数年は夏に必ず、日本のどこかで豪雨被害が発生する。異常気象が慢性化しているのだから、政府も予算を組んでおけばいいのに。災害が起こるたび、ボランティアや募金が「美談」として語られると、国政の怠慢を感じてしまう。

この日は9月、豪雨被害から1か月、車窓越しに見る限り被害の跡は感じられない。田んぼには稲が青々と育ち、市街も整然としている。だがまだ細部に、多くの爪痕が残っているのだろう。

村上市街を抜けると、車窓左手に日本海が広がった。平たい島影は粟島だろうか。

列車は山形県鶴岡市に入り、余目《あまるめ》に近づくと「陸羽西線代行バス」のお知らせ。国道のトンネル工事のためだそうだが、とにかく路線通りに列車が走っていない。

日本海に沿って進む羽越本線は、自然災害に影響されやすい。過去にも大雨被害や地震による津波注意報発令で、運転見合わせが何度も起こっている。

酒田を過ぎ象潟《きさかた》の手前で、日本海に夕日が沈む。そして夕闇が車窓を包む中、羽後本荘駅に着いた。特急停車駅だけあって、駅舎は大きく新しく、近代美術館を思わせる立派な駅だ。

だが下車客は少なく、駅前に人影は少ない。

駅前のホテルに荷物を置き、外に出るともう真っ暗。闇夜にポツポツと、居酒屋の明かり。

ホテル1階にも居酒屋があり、ほかに焼鳥屋、看板に花魁が描かれた店などいろいろ。意外に店が多いなと思う中、雑居ビルに灯る「サラリーマン居酒屋」の看板が目に留まった。

初老の女将さんと、カウンターの端っこに座るオジさんはご主人かと思ったら、地元の客。オジさんは上下とも作務衣姿で、足元は下駄履き。

酒を選ぶ前に女将さんが「ビールでいいわね」と言い、強制？　生ビール。メニューはなく、料理がどんどん出てくる。カレイの煮つけ、うずら玉子を乗せた山芋千切り、枝豆。そして、

「これ食べる？」

と出てきたのは山椒の実の佃煮。さらに「イカ食べる？」「玉子焼き食べる？」と刺身と出し巻きも出てきて、バイ貝の煮つけも出てきて一段落。

折渡駅。踏切を渡った先に立つ小屋は待合室だが、東北日本海側で極寒の冬、ここで列車を待つのは心細いかも

女鹿駅の、これまた限界まで狭いホーム。フェンスに草がからみつき、いつヘビが現れてもおかしくない

草むら越しに見る折渡駅。赤い屋根の建物は、秋田方面下りホーム側の待合室

折渡駅に普通列車が来る。だがいかにも停まりそうな雰囲気なのに、アッサリ通過していった

女鹿駅から徒歩圏内にある名所、荒磯。なかなか浸透しないね「ジオパーク」って

バイ貝に楊枝を差し、殻からニュルンと出して食べているると、女将さんが聞いてきた。

「市内の人?」「いえ、東京から出張です」

「生まれも東京?」「北海道です」

ここで「どんなお仕事?」とオジさんが聞く。

「あまり人が降りない駅で降りて、歩いて写真を撮って、本にします」

「どこで降りるの?」「折渡と女鹿と、桂根です」

「昔は全部、信号場だったね。桂根とかは、昔はけっこう乗る人もいたけど」

ここで「まあ鉄道に乗ることもないから、よくわからないわねえ」と女将さん。やっぱりそんな感じか。どうなる羽越本線。

ビールを飲み干し、焼酎の水割りを注文したタイミングで、奥のテーブルから「お願ーい」と声がかかる。女将さんは「自分でやってね」とボトルと水割りセットを俺に託し、奥の席へ。「いっぱい入れちゃいなよ」と、オジさんが笑う。

「本荘は秋田県で、人口あたりの居酒屋軒数がいちばん多いの。固まらずに分散しているから、タクシーがもうかるよ」そうなのだ。

「昔はもっと多かったよ。駅の人が利用するから」

「駅員さんが飲むんですか?」

「だけじゃなくて、電気関係の人とかいろいろ。早朝や深夜番の人もいたから、居酒屋も朝から開いていたね。あ、女鹿は森の中だから気をつけて」

「え、熊は出ますか?」

「ヘビが出るよ」

ガーン! 聞かなきゃよかった。明日は女鹿駅に12時過ぎに着いて、16時過ぎの列車に乗る予定だが、さあどうしようか。

女将さんが戻り「ここは日本一、朝早い朝市があるから行ってみて。3時から」と言う。3時! ただし「明日は日曜だから休み」とのこと。

最後に「北海道なら、わかるわよね?」と八角の刺身が出てきて、結局8品食べた。ビールと焼酎も飲んで、シメて2000円。「気をつけてねー」と見送られ、店を出た。

秘境駅の旅は、あまり人と出会わない。ここでようやく、地元の人と話せた。いいかもね、東北。

2日目

羽後本荘 6時37分⬇**折渡** 6時48分／7時27分⬇**羽後本荘** 7時38分／9時56分⬇**酒田** 11時06分／12時29分⬇**女鹿** 12時53分〜**(徒歩)**〜**吹浦** 15時49分⬇**羽後本荘** 16時35分

朝メシ前に折渡駅へ

一夜明け、俺の57歳の誕生日！　羽後本荘で迎えたのも、運命の巡り合わせだろうか。

朝メシ前にひと仕事、早朝6時にホテルを出て羽後本荘駅に向かった。今回訪ねる3駅は、普通列車さえ大半が通過するので、早朝の列車も有効に利用するのだ。目指すひと駅目は折渡駅。

日曜早朝の駅前は、人も車もいない。街灯に「本荘駅前商店街」の垂れ幕が下がり、古い食堂のガラス戸に「下宿あり、朝食・夕食付き」の貼り紙。噂の駅前朝市場は、トタン張り三角屋根の大きな建物だが、日曜なので休み。

羽越本線は秋田方面行きが「下り」で、酒田方面行きが「上り」。ホームに行くと、隣のホームに鳥海山ろく線の列車が停まっている。1両編成で白地に緑と黄色をあしらい、車体に「おばこ」の文字と「秋田おばこ」らしき女性のイラスト。

まず6時27分発の酒田行き列車が来て、学生が大勢下りる。そして37分発の秋田行きも来る。3両編成で、こちらも学生が多い。スマホをいじり、ペチャクチャしゃべる彼らに囲まれ、出発した。

車窓から街景色が途切れないまま、1駅めの羽後岩谷駅に着く。大きい駅で、客がたくさん乗る。次が折渡だが、本当に秘境だろうか。

だが羽後岩谷駅を出発し、トンネルを抜けると景色は突然、森になった。

「折渡〜折渡ですー」

スマホに没頭する学生たちを横目に、降りた。

2面2線の細長いホーム。片側に森が茂り、反対側に道が延び、その先に家が数軒見える。線路を挟んだ両脇に、それぞれ待合室がある。

秋田方面下り側の待合室で、まず時刻表の確認。秋田方面下りは1日5本で6時48分、7時53分、10時50分、13時43分、19時04分。一方の酒田方面上りは7時27分、12時45分、17時35分の3本のみ。上下の本数がなぜ違うのか？　不公平だ。

木のイスに座布団が置かれ、駅ノートに「いたずら、切り取り、持ち帰りは禁止です。上黒川部落（原文ママ）」と書かれている。全国的に駅ノート盗難が頻発しているようだ。ほかに「合格」と書かれたミニダルマが置かれ、なぜかステンレスの流しがあり鏡付き。

一方の酒田方面上り側の待合室は、朽ちかけた石段を下った低い場所にあり、小さい。ここは東北の日本海側、冬は吹雪の日もあるだろう。この小さな待合室で1日3本の列車を待つのは、心細そうだ。

駅から延びる道を歩く。途中で小川に小橋が架かり、渡った先でT字路にぶつかり、左右に通る道は県道69号線。ただし車が来る気配はない。

電柱に「岩城町」の表示があり、駅ノートは「上黒川」だが「折渡駅」なのだ。不思議かも。

県道沿いに家が数軒、でも人の気配は感じない。日曜の朝だから寝ているのか、空き家なのか。

あっという間に時間が経ち、駅に戻る。鳥の声が聞こえる。道ばたの柿の木に青い実が成っている。

遠くガタンゴトンと音が聞こえ、列車が来る、と思ったら豪速で通過した。普通・秋田行き、でも折渡には停まらない。「普通」なのに。

少しして7時27分の酒田行きが来て、乗った。これに乗らないと5時間後の12時45分まで、折渡に停まる酒田行き列車はない。

駅前ホテルで朝メシを食べ、再び出発。羽後本荘9時56分発の普通・酒田行きに乗った。といってもこの列車は女鹿を通過するので、いったん酒田まで行き、折り返しの秋田行き列車で女鹿に行くのだ。

11時06分、酒田着。12時29分発の秋田行きに乗るので、酒田で昼メシを食べよう。

と思ったら駅周辺に、昼メシ処が見つからない。酒田は10年前にも来たが、駅も街もオシャレに開発され、変わってしまった。なぜ日本全国どこもかしこも、似

吹浦駅周辺は「昭和の海水浴場」の雰囲気。近くに温泉や絶景スポットもあり、1日たっぷり楽しめる観光地だ

吹浦駅の向こう側に、山形県と秋田県の名峰、鳥海山がそびえる

吹浦駅に着くと、そんなに待たずに列車が来た。女鹿にももうちょっと停めてほしい

左・桂根駅に、貴重な朝の列車が来て、停まる／下・桂根駅ホームの点字ブロックを突き破り、草が生えていて驚いた。ホームの下から生えて突き破ったのか？

たような街に作り変えるのか。

駅の物産ショップで駅弁を探したが、プリンや饅頭など土産しかない。結局キオスクでアジフライ弁当を買い、休憩スペースで食べた。旅情ねーな。

だが食べ終わってから、キオスクの片隅に駅弁が積まれているのを発見！　村上牛の弁当に鮭はらこ飯、もっとわかりやすい場所に置け！

まあいい、酒田は経由地だ。12時29分の秋田行きに乗る。車内は野球少年で満杯だ。

女鹿　理解不能の時刻表

12時53分、女鹿駅で降りた。ホームはまたも狭い板張り。ホームの両側は森で、飲み込まれそう。

ヘビが出そうだと思ったら、ホーム脇の木の枝に大グモが！　東京に帰ってスタバでコーシー飲みたい！

とりあえず茂みの陰の待合室に避難する。

木造三角屋根の小さな待合室。時刻表を見る。

うーむ、なんだこの時刻表。

下り秋田方面は12時53分（桂根通過）、16時54分（折渡通過）、18時14分（桂根通過）、19時33分（折渡、桂根通過）。そして上り酒田方面は6時16分、7時07分、以上！

下り4本、上り2本！　本数の少なさに加え、停車時刻がメチャクチャだ。秋田行きの始発が昼過ぎで、酒田行きの終電は朝！　しかも秋田方面に行く列車は、折渡と桂根のどちらか、または両方を通過する。駅に利用客を呼ぶ気はあるのか？

外に出て、駅を背にして小道を進むと、国道7号に出た。途端にトラックが目の前を爆走し、駅の秘境ぶりが嘘のようだ。

国道沿いに家が1軒、住人は女鹿駅を使うのか。あとは道ばたに小さなネギ畑、以上！

――4時間後の16時54分の列車で秋田に戻るつもりだったが、どうしたものかコレは。途方に暮れて手元の時刻表と地図を眺めていると……。

ピン！　隣の吹浦駅まで国道沿いに4㎞弱、そして吹浦には列車がいっぱい停まる。歩こう！

女鹿駅に別れを告げ、南へ。道沿いに赤い顔の鬼が描かれた看板が立ち「アマハゲの里　女鹿」の文字。藁の蓑を装着し、限りなくナマハゲっぽいが、ナマハゲとは違うのだろうか。

おっ、犬の散歩をする人！　海に面した道沿いに家が何軒もある。集落だ！　ここまで女鹿駅から徒歩10分、住人がいるのに、なぜ終電が7時07分？

海の彼方に飛島の、平たい島影が見える。風力発電機が海風を受けブインブインと回り「歓迎　湯の田温泉」の看板が立ち、温泉旅館もある。「ジオパーク　釜磯」の大看板も。

大小数えきれない岩が並ぶ海岸「釜磯」。そして海から陸を見ると、鳥海山がそびえている。

約60万年前の火山活動で流れ出した溶岩が重なり合い、鳥海山ができた。その鳥海山から流れ込んだ溶岩でできた海岸が、釜磯海岸。冷えて固まった溶岩は、スポンジのように大量の水を溜め込み、岩場の隙間に豊富な海岸湧水を見られるそうだ。

海岸には名勝「十六羅漢岩」も。幕末の混乱期、吹浦の海禅寺の石川寛海和尚が民衆の安全を願い、海岸の奇岩に仏像を刻んだ。そして完成を見届けた和尚は、海に身を投げて——入滅を果たした。

名所があり、そして観光客も大勢いる。じゃあ女鹿にもっと列車を停めればいいのに！

湾に面して家が並ぶ、吹浦市街に入った。鳥海山がそびえ、青空が広がり美しい。

吹浦駅到着。時刻表を見ると、普通列車が上下とも1日10本。だが秋田方面行き10本の全てが折渡と女鹿と桂根のどれか、または3駅とも通過する。

駅前には初代鉄道助（てつどうのすけ）、佐藤政養さんの像も立つ。遊佐町に生まれ、勝海舟の塾で蘭学や測量を学び、初代鉄道助に任命された人だそうだ。

待合所の壁に、鉄道唱歌が貼られている。

♪左は名高き出羽の富士（中略）此の村こそは鉄道の　開祖の生れし村ぞかし♪

——かつては鉄道で降り立つ人も多かったのだろう。しかし今、同じ町内にある女鹿駅に停まる列車は少なく、しかも利用しにくいことこの上ない。

そうして日本全国どこに行っても、車が爆走するだけの街になっていくのだろうか。

15時49分発の、秋田行き普通列車に乗った。列車は女鹿駅をすっ飛ばし、羽後本荘へと向かった。

3日目

羽後本荘 6時37分➡**桂根** 7時09分／7時39分➡**秋田** 7時53分

桂根　朝と夜しか列車が来ない

最終日は羽後本荘を早朝出発、桂根で降りて30分後の列車で秋田に向かい、新幹線「こまち」に乗り換えて東京に戻る。桂根駅は上下とも朝と夜しか列車が停まらないので、早朝出発なのである。

羽後本荘6時37分発、普通・秋田行きは学生でいっぱい。勉強、スマホ、前髪を整える子までいろいろで「秘境に行く列車」の雰囲気はない。

列車は秋田市内に入り、7時09分に桂根着、俺だけ降りた。ホームは狭く、線路脇に草も茂っているが、そんなに秘境じゃない。近くの国道を車が何台も通り、その向こうに海が広がっている。

だが時刻表を見ると、下り秋田方面行きは7時09分、7時39分、18時07分。上り酒田方面行きは7時01分（女鹿通過）、17時13分（女鹿通過）、18時16分（折渡、女鹿通過）、19時35分（折渡、女鹿通過）。これまた少ないし、日中に停まる列車は全くない。

駅前に工事のオジさんが集まり、ミーティング開始。この駅前が集合場所？「じゃあ桂根駅前に7時半集合ね！」みたいな。やっぱり秘境じゃない。

駅前に延びる道を進むと、すぐ集落に出た。そして国道に出れば、病院と海水浴場がある。

ロケーションは秘境じゃない。ただ駅に停まる列車が少なく、ダイヤがあまりにも変則的なところが「秘境」なのだ。秘境駅もいろいろだ。

滞在時間は30分、乗り逃がすと次の列車は10時間半後（！）。国道の手前で折り返し、駅に戻ると7時39分発の秋田行き普通列車が来た。

すぐ秋田に着き、新幹線ホームに行くと、もう東京行き「こまち」が待っている。大きな駅、行先表示に「東京」の2文字。さっきまでいた桂根駅と、へビが出そうな女鹿駅と折渡駅の細長いホーム……全部、夢でも見ていたような気分になった。

三陸鉄道リアス線 JR八戸線

東北地方の太平洋沿岸部、三陸海岸地域は言うまでもなく、東日本大震災で大きな被害を受けたエリアだ。震災から10年以上が経ち、三陸を舞台にしたドラマ『あまちゃん』の記憶も遠くなりつつあるが、現地はどんな様子なのか。海の幸を期待して出かけたら、意外なグルメにも遭遇した、東北の秘境駅探訪の第二章。

有 家
うげ
Uge
陸中中野
Rikuchū-Nakano
陸中八木
Rikuchū-Yagi

俺は『あまちゃん』を見なかったじぇじぇっ！

ＮＨＫの朝ドラは『鳩子の海』以来見ていない俺だが（古すぎ）『あまちゃん』ぐらいは知っている。舞台が東北の三陸海岸であることも一応知っている。その三陸海岸の秘境駅に行ってみるのである。

目指す路線は三陸鉄道リアス線。岩手県南部・大船渡市の盛駅から北部の久慈駅まで、岩手県の東海岸をほぼ縦断する路線だ。そして途中の釜石―宮古間は、震災の時はJR山田線だった。

東日本大震災の津波で、リアス線は大被害を受け全線不通になった。南3分の1の盛―釜石間（通称南リアス線）と、北3分の1の宮古―久慈間（通称北リアス線）は2014年4月までに復旧したが、中間の3分の1の山田線区間は2019年3月にようやく復旧。同時にJRから三陸鉄道に移管され、南から北まで三陸鉄道でつながった。

「リアス線」だけに海岸は複雑に入り組み、鉄道を通すのも至難の業で、特に北リアス線はトンネルと高架橋だらけだそうだ。その合間に設置した駅は、必然的に秘境になる。今回は北リアス線の秘境駅を探訪しつつ久慈に向かい、久慈から八戸線の秘境駅を経由して八戸に行くことにした。

1日目

盛岡 11時09分 **↓（快速リアス）↓宮古** 13時30分／13時54分 **↓一の渡** 14時04分／15時15分 **↓白井海岸** 16時11分／16時45分 **↓田野畑** 16時59分／17時22分 **↓久慈** 18時11分

盛岡から宮古へ

朝の新幹線「はやぶさ」で上野を出て、2時間ちょっとで盛岡に着いた。近くなったのだ盛岡。

そして盛岡で山田線の宮古行き快速「リアス」に乗り換える。上野で買った「まい泉」の「ごちそう海苔弁」を食べつつ移動しよう。完璧な計画だ。

だが盛岡で待っていた快速「リアス」は、1両編成の普通列車風。ボックス席はあるがテーブルがなく、そして車内は混んでいる。駅弁を食べる雰囲気でもないが、様子を見つつ空腹が限界に達したら、こっそり食べよう。

盛岡を11時09分に発車、岩手県内陸部を2時間以上かけて横断し、海沿いの宮古へ。上野―盛岡より盛岡―宮古のほうが、時間がかかるのだ。盛岡を出ると、車窓は市街からすぐ森に変わり「熊出没注意」看板が一瞬見えた。熊が出るのだ、ここも。

そして上米内駅を出ると、次の陸中川井まで82分間、列車は停まらない。次の駅まで1時間22分！　凄い「快速」があったものだ。

客も半分に減り、車窓は森。これが82分続く？　でもおかげで弁当を開けられる。ヒザの上で「ごちそう海苔弁」を開け、エビフライからガブリ！　ようやく「旅に出た」感じだ。

30分以上進むと、やっと小集落が見えてきて、区界駅を通過。そのまま進み、秘境と噂される松草駅を通過。時間が合えば降りたかったが、今回は断念した。松草に停まる宮古行き下りは1日2本、盛岡行き上りは1日3本だけだ。

82分後に陸中川井に着き、続いて茂市に停車。昔はここからJR岩泉線が出て、途中の「押角駅」の秘境ぶりも凄かったが、2010年の土砂崩れで全線運休↓廃線となった。

宮古市街に入り、車窓を久々に街景色が流れる。だがパチンコ屋にツルハドラッグ、靴流通センターに洋服の青山、紳士服のコナカにケーズデンキ！

とにかく2時間21分の旅を経て、宮古駅に着いた。駅そばがある！　次回は必ず食べよう。

リアス線の待合所は、お年寄りで満杯。久慈行きが1日12本、盛・釜石方面行きが1日11本、秘境路線にしては本数も利用者も多いのだ。

いっぽうで今乗ってきた山田線の、折り返し盛岡方面行きは1日6本。9時22分発快速「リアス」の次は、15時54分までない。同じ岩手県の中でも、東西はそんなに行き来しないのだろうか。

リアス線の改札が開き、お年寄りが一斉に立ち上がる。あとについてホームに入ると、リアス線の列車が待っていた。1両編成、白地に赤と青の車両。

駅前の一段低い「駅前通り」から、一の渡駅を見上げる。平地が少ない場所に、苦労して駅をつくった様子が、伝わってくる

「カンパネルラ」田野畑駅。秘境駅ではないが、駅前に津波到達の碑が立つほか、震災関連の資料が数多く展示されている。駅舎が立派なので、秘境駅めぐり途中の休憩にも良い

下車していないが、車窓越しに見る準・秘境駅もオツなもの。写真は「旅の八郎」摂待駅。昔、近くに「八郎」さんが住んでいたそうだ

白井海岸駅。階段の右側にあるのはトイレだが、男性用は外から丸見えかも

宮古駅の「落ちないにゃんこ神社」。ホームにぶら下がっていた木彫りの猫が、震災でも落ちなかったそうだ

小幌駅と同じく一の渡駅も、駅の両側にトンネルの出入口があり、トンネルとトンネルに挟まれている

一の渡 まさかのタクシー遭遇

駅名標に書かれた「リアスの港」は、宮古駅のキャッチフレーズか? ほかに「マリンブルーとそよ風をぬって」とコピーも添えられている。

そしてホームに、いろいろある。小さな神社に木彫りの猫が群がる「落ちないにゃんこ神社」と、木彫りの猫と熊の置物に「ようこそ宮古へ」の看板。

車内は新しいピンク色のボックスシートが並び、お年寄りに占領されている。端っこに空席を見つけて座ると、列車は動き出した。

「次は〝黒森の鼓動〟山口団地です」ホームに置かれた丸太ベンチに木彫りのウサギが座り、背もたれに「いってらっしゃい」の文字。そしてトンネルを抜けると、景色は森に変わり、また長いトンネル。

やっと抜けると、すぐまた次のトンネル。そしてトンネルとトンネルに挟まれた隙間に駅がある。

「一の渡、一の渡です〜」

俺と一緒にオバアちゃんが降り、すぐいなくなった。駅を囲む森の隙間に、家が数軒。オバアちゃんはそこに住んでいるのか。

そしてキャッチフレーズは「うぐいすの小径」。だがこの日は9月、ウグイスではなく大音量のセミの声が、駅を包む。渓流のせせらぎが聞こえる。

ホームに小さな待合室があり、壁にワカメのポスターが貼られ「よっ日本一! 三陸岩手わかめ」とコピーが踊っている。そして演歌歌手、市川由紀乃さん(身長170㎝!)のポスターも。「一の渡駅様 おでんせ三陸宮古へ」と直筆サイン入り。紅白歌手の直筆サイン付き秘境駅なのだ。

さらに「みちのく潮風トレイル」のポスターも。震災復興プロジェクトの一環で、八戸から三陸海岸を経由し、福島県相馬市に至るロングトレイルが誕生。太平洋沿岸を一本の道がつないでいるのだ。

地図も貼られ、駅の西側を国道45号が通り、渡った先に女遊戸(おなっぺ)海水浴場と中の浜キャンプ場、休暇村陸中宮古と名所「潮吹穴」。だが国道までの距離がわからず、そしてこの駅での滞在は1時間だけだ。行けるところまで行ってみよう。

駅の端から延びるトタン屋根の通路に入り、薄暗い階段を下りて外へ。線路と交差して東西に延びる道を、国道がある西へ向かう。

道ばたに無人販売の棚が置かれているが、品物はない。続いて何も貼られていない掲示板。

家がある。庭にビニールハウスも。農家かな。

……ハウスを電気柵が囲み「危険！」の看板。こんな場所にも作物を盗みに来る奴がいるようだ。

国道に近づき、車の音が聞こえる。また家があると思ったら、赤い丸ランプ、消防団の倉庫だ。

ここでまさかのタクシー通過！「空車」マークが灯っていたが、手を挙げたら停まるのだろうか。もちろん秘境駅前に「タクシー乗り場」なんてない。

栗が落ちている。イガが割れて顔を出す栗の実。

国道が見えてきて、その先に海水浴場とキャンプ場があるはずだが、ここで引き返した。

途中でバイクに乗った郵便配達のオジさんとすれ違い、オジさんはニッコリ笑って走り抜けた。名所はなかったが、東北のこの感じは良い。

駅に戻ると列車が来て、乗る。列車はすぐトンネルに入り、一の渡駅はすぐに見えなくなった。

白井海岸 ウニってどんな香り？

車内の天井から万国旗が下がり、壁を『あまちゃん』ロケ写真が埋め尽くしている。北三陸駅？　久慈駅がドラマに「北三陸」として登場したそうだ。

「次は神楽の里、佐羽根です〜」

ホームに木彫りのウサギとアライグマがいて、周辺は森。トンネルを4、5本抜けて、

「次は銀色のしぶき、田老です〜。高さ37ｍの三王岩があります〜」と言うので、窓の外を見る。キャッチフレーズをメモに取り、車窓も見て忙しい。

またトンネルをくぐり「次は真崎の紺青、新田老です〜」駅前に学校があり、車内からプールが丸見え。こんなに丸見えで、いいのだろうか。

長いトンネルをくぐり「旅の八郎、摂待です〜」だんだん意味がわからなくなってきた。

「泉湧く岩、岩泉小本です。日本三大鍾乳洞、龍泉洞の最寄り駅です」以前は岩泉線の岩泉駅が龍泉洞の玄関口だったが、岩泉線はなくなった。

再び長いトンネル。「次はカルボナード、島越です〜」パスタ?(それはカルボナーラ)疑問を解決するヒマもなく「北山崎の観光船は駅から徒歩10分です〜」と続く。矢継ぎ早だ。

「次はカンパネルラ、田野畑です〜」もう完全にわからん。田野畑は立派な駅で、俺を含むふたりを残し、客がドバーッと降りる。

「はまゆり咲く普代です〜」普代村に入り、再びトンネルに突入、出口が見えてくるとアナウンス。

「次はウニの香り、白井海岸です〜」

ウニって、どんな香りだっけ?

というわけで、白井海岸駅で降りた。日没まで時間があるのに、四方を山に囲まれ暗い。駅前に電話ボックス風トイレがあり、露天の手洗い付き。周辺マップに「ようこそ不思議の国の北リアス」と書かれているが、そのセンスはどうなのか。

とにかく海が近く、駅名と同じ白井海岸まで0.3㎞で徒歩3分、駅から延びる坂道を下る。駅は坂道をまたいで設置され、ホームの真下をくぐって進む。すぐ海が見えてきて「白井漁港」の看板。

小さな入江にボートが並び「人が来る時は、けっこう来る」感じだ。駅自体は秘境だが、海が近くて便利だから、列車で来る釣り人もいるだろう。

それ以上は見るものもなくて、坂を上って駅に戻った。やはり3分で着き、時間が余る。17時37分発の久慈行きに乗ろうと思っていたが、まだ1時間近くあり、そして辺りがどんどん暗くなっていく。

おっ、16時45分発の宮古方面行きが来た。乗ってしまえ。ここで駅前に車が1台来る。誰かを迎えに来たようだが、列車が着いても誰も降りない。

と思ったらジャージの学生が慌てて降り、車に乗った。都心と違い秘境路線で乗り過ごすと大変だ。

列車に乗ると車内は満員! 胸元にバッジをつけた高齢者ツアー軍団が、座席を埋め尽くしている!

「次の普代駅で降りてくださーい。ホームに降りたら左に曲がって、階段を下りてくださーい」

そんなことまで説明するのか。しかも軍団の83歳くらいの男が「階段? 嫌いなんだけどな」と偉そうに言う。じゃあ旅に出ないで家にいろよ!

草むらと同化して「そこにある」有家駅は、確かに近くまで来ても「そこに駅がある」と気づきにくい。踏切があるので「ああ、そこに駅があるんだ」と気づく人もいるかも

駅名に惹かれて、有家の2駅手前の「侍浜」駅でも降りてみたが、サムライがいる雰囲気は特になし。駅前マップによれば、海は遠そうだった

目の前に海が広がる、有家駅のホームに取り付けられた避難階段。震災から10年以上が経つが「あの日」の恐怖はたぶん、地元の人の心から消えていない

八戸駅に着き、駅ナカ食堂で「イカソースカツ丼」を食べ、三陸の旅を締めくくった

有家駅から海と反対側に進んだら、渓流のせせらぎに迎えられた。これはこれで秘境かも

総勢16名の軍団は、旗を振るお姉さんガイドのあとについて、普代でドヤドヤと降りた。「秘境ローカル線の旅」とか銘打ったツアーだろうが、自分で調べて計画を立ててこそ鉄道旅は楽しいのに、ガイドがついて乗降して旅をしたといえるのだろうか。

とにかく軍団が降りてホッ。俺は謎の「カンパネルラ」田野畑駅で降りてみた。

駅前に「カンパネルラ」の説明書き。宮沢賢治さんの『銀河鉄道の夜』に登場する主人公の友人の名前で、俺がただ無知なだけだったのだ。

だがなぜに田野畑が「カンパネルラ」かというと、「その性格が三閉伊（さんへい）一揆の指導者を生んだ村の風土に合い、正義感に富んだ人物を輩出することを願って、駅の愛称としました」とのこと。

?.? キャッチフレーズ決定に至る、大人の事情があったようだ。そして——津波到達の碑も立つ。

田野畑地区の被害概要が書かれ、死者24人、行方不明15人、全壊225棟（2012年6月30日）。

震災から10年以上が経ったが、東北に来ると「あの日のこと」が生々しくよみがえる。「あの日」の記憶と闘いながら、この路線は今日も走っている。

駅前の自販機で懐かしい「ハイシーオレンジ」復刻缶を買い、久慈行き列車に乗った。そして車窓に迫る太平洋を眺めつつ、グビリと飲んだ。

久慈の夜

久慈に着くと日は暮れていた。古い駅前ホテルに荷物を置いて居酒屋へ——と思ったら、チェックイン中に電気が落ちて、真っ暗に！

「あれ、どうしたのかな、あれ！」

「2階は点いてますー。1階だけ消えてますー！」

支配人のオジさんと、ホテルのスタッフ（主婦のパート）が大慌て！　客室の電気が点くなら、荷物を置かせてほしい。早く飲みに行きたいんだよ！

そんな俺の希望は伝わらず、30分待たされチェックイン。やっと街に出たが、開いている居酒屋が全然ない。結局ホテル隣の「YのT」に入った。この街ならではの店に入りたかったけど。

生ビールと「本日のおすすめ」から料理を選ぶ。

「豚のショウガ蒸しをください」「ありません」「じゃあハンバーグを」「ないです」ないならオススメするな！　結局一般的なツマミしかなくて、居酒屋の夜は味気なく終わってしまった。

夜の街を歩く。閉じた店のシャッターに、昔の少女漫画風「あまちゃん」のイラスト。男子と女子の絵に「オラど結婚してけろ！」のセリフ付き。

とにかく街は、イラスト付きの閉じたシャッターだらけだ。大丈夫かな、この街。

ホテルに戻ると停電は回復していて、オジさんが朝ラーメンのサービス券をくれた。朝ラーメン？

2日目

久慈9時17分➡**有家**9時44分／11時40分➡**八戸**12時56分

有家　海が目の前の秘境駅

一夜明けて早朝6時、改めて久慈駅前を歩く。駅前に立つ4階建ての駅前デパートは寂れ、上の階は廃墟のよう。でも外壁に新しい看板が3枚並び「北の海女」「北三陸鉄道」「潮騒のメモリーズ」……『あまちゃん』でキョンキョンや薬師丸が歌ったアレだ。ほかに「久慈はあまちゃんのロケ地です」看板と「自衛官を目指してみよう！」ポスター。

別の閉じたシャッターに、少女がデパートを見上げる絵も。絵の中のデパートは、キレイで新しい。「あまちゃんマラソン大会」のポスター。金髪のカツラをかぶり走る女子、テンション全開気味。

――風にはためく「営業中」のノボリ。6時半だが、ラーメン屋が開いている。朝ラーメンだ！

「お好きな席へどうぞー！」

元気に迎えられ店内に入ると、ほぼ満員！　なんとか空席に座り、チャーシュー入り朝ラーメンを注文する。先客はスウェット姿のお兄さんにスーツ姿のビジネスマン、作業服姿のオジさんなどなど。

「お待ち！」と出てきたラーメンは、煮干しダシのスープが朝でも食べやすく、美味かった。そしてここでは「あまちゃん」の「あ」の字も見なかった。

このあとJR八戸線で八戸に行き、新幹線で東京に戻るのだが、八戸線の秘境駅にも寄っていこう。選んだのは久慈から4駅目の有家駅。

久慈9時17分発の普通・八戸行き列車に乗り、3駅目の陸中中野を過ぎると、車窓に海が広がった。そのまま海沿いを北へ進み、有家駅へ。

おおっ、駅前は海だ！

駅前に広がる太平洋、こんな秘境駅もあるのだ。海にはサーファーがいて、白波に乗っている。

駅の背後は森で、ホームから階段が延び「津波避難経路」の看板。確かにここまで海が目の前だと、津波が来たら大変だが、開放的で不安も感じない。

ブラブラ過ごしていると、海岸沿いの草むらから——人が現れた。リュックを背負ったお兄さん。

「すみません、この辺に駅はありますか？」

へ？「ここ、駅です」と言うと「ああっ！」と驚く。「潮風トレイル」を歩いて来たようだが、ここまで海沿いに駅があるとは思わなかったのだろう。

海景色に溶け込み、存在を消す秘境駅。波の音だけがザッパーンと響いている。


八戸線も東日本大震災で全線不通となったが、1年後の2012年3月までに全面復旧した。

震災の爪痕は残っている。だがもし自分が東北人だったら、いつまでも「東北」というだけで、哀れみの目で見られたくないと思うだろう。

久慈はいつまでも『あまちゃん』を引きずっていてはいけない。客はラーメン屋に集まっている。

有家11時40分発の八戸行きに乗ると、しばらく車内はガラガラ。途中の大蛇駅に「すごい名前だ」と驚きつつ、鮫駅へ。大蛇に鮫！　そして鮫駅でお客がドドッと乗り、そこから八戸まで、車内は立ち客も出る混雑ぶりだった。

朝ラーメン

3 野岩鉄道 会津鉄道

東京浅草から東武線経由で直通する地方鉄道にも、秘境駅が存在する。車窓に見た東京スカイツリーの記憶も冷めないまま、秘境駅に降り立つのも不思議な気分だ。日光鬼怒川を拠点に温泉も楽しみつつ、私鉄とは思えない長大な鉄道旅を経て、いざ秘境へ。

1日目

浅草 7時30分⬇**(特急リバティきぬ)**⬇**鬼怒川温泉** 9時35分／9時37分⬇**(快速AIZUマウントエクスプレス)**⬇**七ヶ岳登山口** 10時27分／12時56分⬇**(会津鉄道リレー号)**⬇**会津高原尾瀬口** 13時02分／13時21分⬇**(特急リバティ会津)**⬇**鬼怒川温泉** 14時07分／14時46分⬇**新藤原** 14時54分／15時10分⬇**男鹿高原** 15時41分／16時06分⬇**新藤原** 16時34分／17時00分⬇**鬼怒川温泉** 17時09分

浅草から会津へ一直線！

日曜日の朝7時、東京浅草。

外国人観光客が戻り、昼間は大混雑の浅草も、朝はさすがに人が少ない。土産屋も閉じていて、コンビニが数軒開いているだけだ。

これから東武線特急で会津へ向かい、秘境駅で昼メシ時間を迎えるので、東武浅草駅入口売店で「ヨシカミカツサンドと天むすの最強タッグ」を購入する。浅草といえば、ヨシカミのカツサンドだ。

そしてカツサンドを手に改札へ行くと、行列が！

実は2日前に鬼怒川温泉行き特急券を買っておいたが、その時点で残席わずかだった。当日は案の定宍戸錠、指定席は売りきれてキャンセル待ち。人はこんなにも鬼怒川温泉に行くものなのか？

大行列を横目にホームへ進み、鬼怒川温泉行き特急「リバティきぬ」に乗る。あとから続々乗ってくる客は高齢者ばかりだ！

「本日この列車は満席となっております」

とアナウンスも響くが、俺の隣には客が来ないまま、列車は出発した。東武の座席は新幹線より狭いので、できれば隣は空いていてほしい。

窓の外には神田川、じゃなくて隅田川。俺は東京都墨田区に住んでいて、隅田川は見慣れているが、特急列車の車窓越しに見ると旅情満点だ。さらにスカイツリーも眺めつつ、列車は進む。東向島駅（我が家から徒歩10分）、曳舟駅（いつも買い物するヨーカドーが目の前）、堀切駅（駅前は金八土手）を通過して、北千住へ。

浅草を出た東武線は宇都宮、日光、鬼怒川温泉に向かい、さらに野岩鉄道と会津鉄道経由で会津まで直通する。私鉄としては規格外の長大な路線で、長大だけに秘境駅もあるそうだ。

北千住に着くと、高齢者軍団がドドドと乗車！

「ねえちょっと、これ1号車だって！」

「やだ、3号車じゃないの⁉」

旅情もここまでか。俺の隣にも軍団のひとりが——来ない。ということは少なくとも次の停車駅・春日部（野原しんのすけ）まで隣に客はいない。ラッキーしまくり千代子。

列車は県境を抜けて草加に入り、車窓は埼玉のツマらない風景が続く。結局春日部でも隣に客は来なくて、栃木県に入ると車窓に山が連なりだす。

そのまま新鹿沼、下今市と進み鬼怒川温泉駅に着いた。高齢者軍団はホームをドドドと移動、改札をドドドと抜けて温泉街へ（移動するたび音がする）。俺は野岩鉄道と会津鉄道に直通する快速「ＡＩＺＵマウントエクスプレス」に乗り換え、秘境駅を目指す。

エクスプレスの車内は、いろいろ飾られ「ザ・観光列車」の雰囲気だが、普段の生活で乗る人はいるのだろうか。窓の上の広告は喜多方ラーメン！

「ご乗車ありがとうございます。終点の会津若松まで、男鹿高原を除く各駅に停まります」

除くなら「各駅」じゃねーじゃん。そして本日2駅目の下車駅が、すっ飛ばされる男鹿高原駅だ。とりあえず今は、その先へ行く。

車窓に観光ホテルが並び、その向こうに山が連なる。温泉駅の2駅先の新藤原までが東武鉄道で、そこから先は野岩鉄道だ。ここで、

「新藤原からスイカ、パスモなどのカードは使えなくなります」

とアナウンス。パスモで乗り会津へ行く人は、どうすればいいのか。線路はつながって「直通」しても、この辺はちょいとややこしい。

野岩鉄道に入ると、車窓はグッと秘境になった。かなり標高が高い所まで来ていて、窓の外に深い渓谷が落ち込む。そして車窓は森、ひたすら森。

龍王峡駅は暗いトンネルの中。ダムを見つつ川治温泉駅へ。川治湯元駅前に、等身大の福禄寿？（「かわじ

七ヶ岳登山口駅に降り立つ。緑いっぱいの景色に包まれ、数時間前に見たスカイツリーの風景が嘘のよう

稲が茂る田んぼに立つ何かの石碑。「不動」の2文字が読み取れる。七ヶ岳登山口駅前にて

駅周辺に連なる峰が「七ヶ岳」なのだろうか。
誰かに聞こうにも、駅前には誰もいない

七ヶ岳登山口駅から国道に下り、しばし散策。車こそ多いけど、田んぼに黄金色の稲が茂り、家も数軒

上・「八重って誰ですか?」と、会津で聞いたらぶっ飛ばされるのだろーか／下・国道沿いに神社もあったが、次の列車の時間が迫っていたので素通り

同じく国道沿いにて。商店は開いていなかったが、定休日か閉じたのかは不明

国道沿いに並ぶ石塔群。背後にお墓も見えて、信心深さがうかがえる

い」という、ゆるキャラだそう)。そして落人の里・湯西川温泉駅。

中三依温泉駅前には「男鹿の湯」バンガローが並ぶ。近くの席の客が「ずっと温泉だね」と言う。確かに「温泉」名義の駅が、ずっと続いている。

上三依塩原温泉口駅の周辺は、息も止まりそうな山間の森で「ここに本当に、温泉があるの?」という雰囲気だ。この駅も十分秘境だが、エクスプレスは停まる。でも次の男鹿高原駅には停まらない。

長いトンネルを抜け、会津高原尾瀬口駅へ——男鹿高原駅を通り過ぎた? 気づかなかった。

尾瀬口から路線が会津鉄道に変わり、車掌お兄さんが「きっぷ(切符)をはいげん(拝見)いたしますう〜」と車内を周り始める。東北なまり。

列車は次の七ヶ岳登山口駅へ。本日最初の下車駅だ。登山口駅だが、俺は山を登るわけではない。

会津鉄道・七ヶ岳登山口駅前で滝を見る

ホームは1面1線で、周辺に緑の山が連なる。その中に「七ヶ岳」があるのだろうか。そしてログハウス風駅舎の壁に、貼り物がいろいろ。

「ようこそ! 八重のふるさと会津へ」

誰? ……ああ、大河ドラマ『八重の桜』のヒロイン、新島襄夫人の新島八重か。会津戦争では銃剣を手に戦った男装の女藩士、幕末のジャンヌ・ダルク。でもいきなり「八重」と言われるとわからん。アニメ風の「八重たん」も描かれているが、なぜ最近は何でもかんでもキャラクターにするのか。

ほかに「斎藤山ふれあい登山」のポスターが貼られ、なんと全国の「斎藤さん」を募集中!

木の駅名標に、登山者のイラストと「七ツの峰のそよ風」のコピー。横断幕に「勇壮、連なる七つの峰」の文字も。7つの峰が連なるから七ヶ岳、ということは今見えている山が全部「七ヶ岳」なのか?

時刻表を確認。会津田島&若松方面行きは1日8本、尾瀬口方面行きは1日7本。そして電子パネルに「本日の運行情報」が映し出されている。

日本語と英語、中国語まではいいとして……アラビア語? その方面から来る登山者が多いのか。でも「斎藤さん」を募集中、うーむ。

ちなみに「七ヶ岳羽塩登山道は崩落のため入山禁止」（2022年10月頭時点）だそうで、登山の人はご注意を。そして次に乗る列車は、ほぼ2時間後の尾瀬口行き。駅前を歩いてみる。

草むらに挟まれた細い坂を下る。トンボが舞い、足元に栗が転がっている。

下りた先は国道121号で、道沿いに家があり、それほど秘境でもない。駅に続く道の入口に「駅入口」の案内はなく、近くに立つ「田島駅前　グリーンホテルミナト」の看板が目印だ。

例によって車が多い。ここも幹線道から奥まった場所にある駅と、その周辺だけが秘境なのだ。

国道を尾瀬方面へ進む。道を挟んだ対面に立つ石碑に「馬」の文字が見え、使役した馬の霊を慰める馬頭観世音らしい。だが国道を車が途切れず走り抜け、信号もないので渡れない。とりあえず進む。

途中の川に「滝見橋」が架かり、落差は少ないが幅の広い滝が流れている。ドドドッと流れる滝の音に、しばし車の喧騒を忘れる。

道沿いの家々の庭にタキギが山積みで、どの家も軒下にタマネギを吊るしている。車は多いが、東北のひなびた風情に落ち着く。

家が途切れ、道沿いに田んぼが広がる。一面に稲穂が茂り、日差しを浴びて黄金色に輝いている。そして車が途切れると、チュンチュンと響く鳥の声。

田んぼにデンと立つ建物は「羽塩林業研修センター」。「羽塩」の住所表示も立ち、周辺は「羽塩」なのだ。センターには人が集まり、研修中の様子。

信号はないが、やっと横断歩道があり、横断用の旗入れにチューリップの模様。集会が終わったようで、消防団からオジさんが数人出てくる。

おっ、商店がある！　だがシャッターを閉じている。自販機があるので飲み物を買おう……と思ったらコイン投入口がガムテープでふさがれている。店の看板に「田島の地酒　男山　會津」の文字。

道ばたに石の塔が並んでいる。庚申塔、道祖神。閉じた土産屋に、品目を並べた古い看板。民芸品に漆器、山菜にキノコ、漬け物。昭和の雰囲気。

七ヶ岳登山口駅に、会津鉄道の尾瀬口行き列車が来る。「宝くじ号」なのだ。なぜかホッとする色合いの1両編成

左・男鹿高原駅に降り立ち「なぜ、この駅だけがすっ飛ばされるのか」一瞬で理解する。「高原」駅という割には、谷底感が強い／右・鬼怒川温泉駅前に置かれていた転車台。かつては後出の、芸備線三次駅に置かれていたものだそうだ

左・男鹿高原駅の入口。駅名標がなければ、放置された物置か、工事現場の事務所跡にしか見えない／右・男鹿高原駅の貴重な「駅前名所」ヘリポート

道沿いを川が流れ、川原に階段が延びている。段差に座り、カツサンドと天むすを開けた。「ヨネスケの」と書いてあり、隣の晩ご飯だけじゃないのだ。

川面を伝う風を浴びつつ、カツサンドをガブリ。車の音が気になるけど、せせらぎが耳に心地よい。

ここで「恋はみずいろ」のチャイムが流れる。12時だ。これほど全国津々浦々で、正午や夕方のチャイムに使われている曲があるだろうか。

そんなこんなで時間が過ぎ「グリーンホテルミナト」の看板を目印に坂道を上ると、列車が来た。「秘境」というほどでもなく、のどかな空気が心地よかった。なんて油断しつつ次へ向かったら——。

秘境が待っていた。

野岩鉄道・男鹿高原 駅近へリポート

上り列車で尾瀬口まで戻り、野岩鉄道に乗り換える。尾瀬口駅に登山高齢者が大量にいて、興奮気味に大声でしゃべっている。俺はいったん外に出て駅舎の写真を撮り、再び切符を買って構内へ……と思ったら、切符は有人窓口販売で長蛇の列。

やっと俺の番と思ったら、前に並ぶ73歳くらいのお姉さまが流れを止める。

「鬼怒川温泉に行きたいんだけどお、鬼怒川公園にも行きたいのよねぇ。途中下車って可能かしら?」

駅員氏「いいえ、途中下車はできません」

お姉さま「えぇーっ? 同じ鬼怒川なのにぃ?」

早くしろ。やっと俺の番、と思ったら、

「松本さあん、温泉まででいいんだよねぇ」

と叫びながら、後ろのオヤジが俺を追い越す!

「待てよ!」と凄むと「ああ、ゴメンね」とカエルのツラにションベン。なんとかしてくれ高齢者。

やっと切符を買い、特急「リバティ」で鬼怒川温泉へ。目指す男鹿高原駅は途中にあるが、特急は停まらない。鬼怒川温泉で降り、40分後の折り返しの普通・新藤原行きに乗り、新藤原でやっと男鹿高原に停まる野岩鉄道の尾瀬口行きに乗ったのだった。秘境駅めぐりはラクじゃない。

すったもんだを経て降りた男鹿高原駅は、まさに山間の秘境駅! 森の隙間に1面1線のホームがあり、小さな待合室がポツン。列車はすぐに出発して森の奥に吸い込まれ、俺はひとり取り残された。

時刻表を見る。上り・鬼怒川&スカイツリー方面と、下り・尾瀬口&会津方面ともに1日5便。鬼怒川とスカイツリーが、ここではひとまとめだ。通過列車の時刻も書かれ、こちらは1日10本。

「標高759・7m」の表示があり、待合室には旅ノートがあり、紙袋の「ボールペン入れ」付き。そしてなぜか外国人向けの案内が大量に貼られ、QRコードがズラリと並んでいる。英語に中国語、ハングルも。そんなに外国人が来るのか？　そもそも人自体がいないけど。

外に出て駅舎を眺めるが、駅に見えない。これまたイナバの物置を、縦にふたつくっつけたような外観で、工事現場の資材置き場にしか見えないのだ。

そして駅前を左右に横切る「駅前通り」に言葉を失う。舗装道だが狭く、左右どっちに行っても道の両側は林だ。なんでまたここに駅をつくったのか。

まず左に行ってみよう。と思ったら大きな水たまりが道をふさぎ、その先は通行止め。選択の余地なく右へ行く。「男鹿山国有林」の看板が立ち、その先に野岩鉄道の男鹿高原変電所がある。

この変電所で働く人が、男鹿高原駅を使うのか。「つよいでんきがきています　はいらないでください」と注意書きが貼られている。うっかり入って感電しても、しばらく発見してもらえなさそうだ。

静けさの中、変電所の機械の音だけが「ジーッ」と響き不気味だ。もう少し先まで行ってみよう。

道沿いはひたすら林、と思ったら突然広場が現れる。男鹿高原駅前広場緊急へリポート。1日5本の列車で駅に下り立ち、ヘリに乗り換え？

——この駅前での滞在時間は26分。16時06分の新藤原行きを逃すと、19時13分の尾瀬口行きまで列車はない。ここで夜を迎えるのは怖い。そもそもその時間に、この駅を利用する人はいるのか。

駅に戻り、貼り物を再び見る。パウチした路線図が壁に画鋲で留められ「下敷きにお使いください」と書いてあるが、今どき使うだろうか、下敷き。

尾瀬口行き列車が来たので乗ると、車内に整理券マシンはなく、車掌お兄さんがすっ飛んできて料金を徴収したのだった。

オマケ。鬼怒川温泉の巨大ホテルに一泊したが、国体選手で満杯！　晩メシは500人くらい入れるメガ食堂で、大規模バイキング！

料理が100種類以上あり、唐揚げにラーメンから握り寿司まで取り放題！　酒のドリンクバーでは日本酒とチューハイが選び放題で、ボタンを押すだけでサワーが出てきて酒池肉林！

そこに体力有り余る国体選手が300人くらいいて、会場は阿鼻叫喚の大騒ぎ！　彼らのパワーに負けず、料理を取りまくった俺だった。ちなみに選手たちに食中毒対策で「寿司は取るな」と厳命が下っていたが、取りまくっていて微笑ましかった。

バカバカ食べながら時計を見ると19時過ぎ。「さっきの尾瀬口行きに乗り遅れたら、今ごろまだ男鹿高原駅にいたのだ」と思い、身震いがした。

鬼怒川温泉でバイキング

2日目

鬼怒川温泉8時38分⬇(特急リバティ会津)⬇**会津田島**
9時40分／9時47分⬇(リレー号)⬇**塔のへつり**10時06分／11時12分⬇(快速AIZUマウントエクスプレス)⬇**大川ダム公園**11時26分／11時56分⬇(リレー号)⬇**会津田島**12時34分

朝メシ前に散歩、早朝の鬼怒川温泉郷を歩く。

鬼怒川は盛況かと思ったら、廃墟と化した巨大ホテルが何軒もある。大きな「鬼怒川観光ホテル」の看板が割れて「東館」の文字だけが残っている。

草ボウボウの空き地に「売物件」の看板。廃ホテルの敷地内は、雑草が伸び放題。崩れた外壁、割れた窓ガラス、木戸を打ち付けふさがれた窓。

雑草に覆われ立つ「温泉中央口」バス停。かつてこの辺りが温泉郷の中心だったのだろうか。そして残骸と化した大型ホテルはどれも、開業当初は時代の先端を行っていたのだろう。

塔のへつり駅。東京で東武線直通の地下鉄に乗り、路線図を見るたび「"へつり"って何だろう?」と思っていたのは俺だけだろうか

左・塔のへつり駅ホームの端っこは、ほぼ森の中。観光客は多いが、堂々たる秘境駅なのだ／右・塔のへつり駅を出発した、会津若松行きの列車。赤い車両がまさに「森の中に吸い込まれそうな」感じで、景色の奥へと消えていく

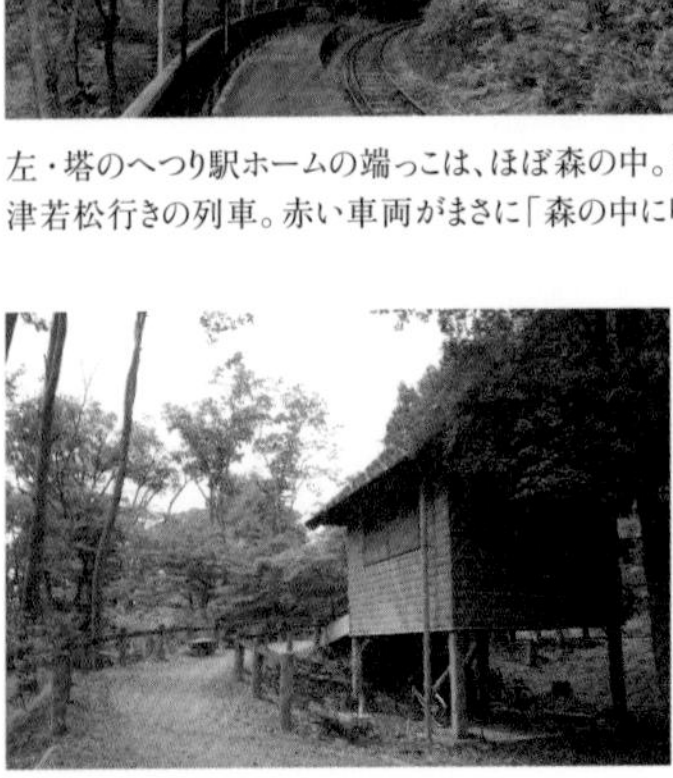

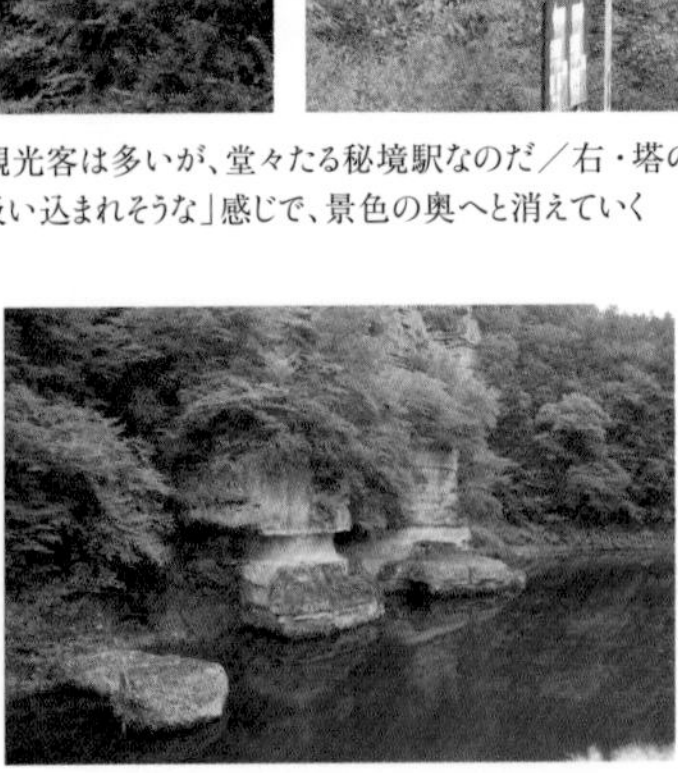

左・塔のへつり駅の駅舎は、キャンプ場の木造バンガロー風／右・塔のへつりの一部。全景は一枚の写真に収めきれない

でも今どきは、ビルのような大型温泉ホテルは流行らない。だが流行と関係なく、建ててしまったものは残る。雨風に朽ち果てながら。

全国どこもかしこも開発ラッシュだ。バイパスを通し、同じようなメガチェーン店が並び——数十年後には、やはり廃墟になるのだろうか。

ホテルに戻り、朝メシは再びバイキングだが、続くとさすがに飽きる。膨れた腹をさすり鬼怒川温泉駅へ向かうと、月曜のせいか人は少ない。

会津田島行き特急「リバティ会津」が来た。前日は大混雑だったが、今日はガラガラだ。

塔のへつり トイレでピストルを撃つ

尾瀬口を過ぎて会津鉄道に入り、七ヶ岳登山口駅を過ぎて、さらに北へ。車窓の畑を眺めていると、途中に電車イラスト入り看板が立っていて、

「歓迎　ようこそ中荒井（地名）です」

の文字が。応援されているのだ会津鉄道。

会津田島駅を過ぎ、途中の「養鱒公園」駅は「ようそんこうえん」。「鱒」は「そん」と読むのだ。さらにトンネルを抜けて、塔のへつり駅で降りた。

森に囲まれた1面1線のホーム、降りたのは俺ひとり……じゃなくて数人が降りた。「塔のへつり」は観光地なのだ。そもそも「へつり」って何？

会津鉄道恒例、駅名標のキャッチフレーズは「奇岩が招く藤娘」。そしてホーム脇にログハウス風待合所が立ち、トイレとコインロッカーがある。秘境駅にコインロッカー！

駅から砂利道が延び、途中に「會津十景随一塔之弟」の案内板も。「弟」を「へつり」と読むのか？

砂利道を抜け車道に出ると、一転して車が多い。デカい観光バスが、減速しないで突っ込んでくる！　高齢者のツアー軍団がいて「ホラなんとかいうキノコだって、ホラ！」とBバーがうるさい！

なんだかなー。一応道ばたに「クマに注意！」看板も立ち秘境なのだが、人と車が多すぎる。これじゃクマも、うっかり出てこられないだろう。

3分で「塔のへつり」入口へ。広い駐車場と食堂付き巨大土産屋があり、食堂は定員200名！

売店の大看板に「伝統こけし」の文字。テンテン付けんなよ。……NHKの『連想ゲーム』で、紅組キャプテン水沢アキが「こけし」という答えに、「電●」とヒントを出したら、翌週から消えた。水沢はその後、国広富之の浮気で婚約破棄。会見で号泣して、国広からもらった婚約指輪を「高い指輪じゃないですけど」と言い捨てて、すげー女だなと思った。昔の芸能界は面白かった。

「塔のへつり」の案内板を見る。100万年の年月を経て、川の浸食と風化でできた景観で、奇岩怪石が塔のようにそそりたつ渓谷美。会津の言葉で「川に迫った断崖」を「へつり」というそうだ。

坂を下り「へつり」を目指す。途中にまた売店があり「会津天然まむし」を売っているが、天然で売らなくていい。まずは「へつり」だ。

これが「塔のへつり」か！

木々に囲まれそびえ立つ、巨大な岩の塔。何本も並び、イースター島の石像群を思わせる。これが自然にできたものだなんて、凄いじゃん！

途中の川に架かる吊り橋をわたり「へつり」の根元へ。頭をぶつけないようかがんで歩き、自然の造形美を体感したのだった。降りた甲斐があった。

来た道を戻りつつ、マムシ売り場に寄る。瓶が並び、1本に1匹ずつウニョウニョしている。「(マムシを取って) 持ってくる人がいるんだよねえ」と、売り場のオジさんは淡々と言っていた。

というわけでマムシも住む秘境なのだが、秘境の感じは薄かった。観光地になって人が集まりすぎると、秘境が秘境でなくなってしまうのだろう。

小幌駅と土合駅を思い出す。秘境も極めると人が集まり、秘境であり続けるのが難しくなる。そんな時代になってしまったようだ。

駅の待合所のトイレで用を足す。出したもの目がけて水を放つ「洗浄ガン」付きでビックリ。ガンを発射してホームに向かうと、会津若松行き「快速AIZUマウントエクスプレス号」が来た。

大川ダム公園駅の駅前は、公園じゃない？

会津鉄道のラスト探訪先、大川ダム公園駅で降りた。

これまた山を望む駅で、ホームは狭く雑草も生い茂るが、草の隙間に花が咲いている。アジサイ的な花が固まって咲く一角もあり、殺風景ではない。

そして「大川ダム公園駅」だけに、駅前はもちろん大川ダム公園――じゃない。見渡す限り広がる、ざっと1000枚以上の太陽光パネル！　これはダム公園駅じゃなく、太陽光発電所前駅だ。

駅前に立つ古い地図看板によれば、駅前は「若郷湖東公園」で、テニスコートにゲートボール場、レクリエーション広場や野外ステージがある。だがこの公園が、太陽光発電所に変わったようだ。

駅前を横切る「駅前通り」に「ツキノワグマ出没注意」看板が！　一方で山のふもとに遠く、家が20軒くらい見える。住人は駅を使うのだろうか。

ホームに「会津鉄道開通記念植樹八重桜」の看板があり、寄贈者名と「舟子」の集落名。駅の周辺は「舟子」らしい。そして春に訪ねると、ここで満開の「八重の桜」を見られるようだ。

雑草の隙間で風に揺れる花を眺めていると、会津田島&尾瀬口方面行きリレー号が来た。

大川ダム公園駅は1927（昭和2）年に、国鉄会津線の舟子信号場として開業し、戦後の大川ダム建設に伴い移設。1987（昭和62）年の国鉄分割民営化で「舟子駅」となり、路線が会津鉄道になったタイミングで「大川ダム公園駅」に改名した。

会津田島駅で特急「リバティ」に乗り換え、あとは浅草へ帰るだけ。

田島駅には日本酒の自販機があり、南会津の銘酒ズラリ。男山、會津、國權（こっけん）、花泉。そして売店で駅弁「しんごろう入り南会津おふくろ弁当」を買う。笹の葉風の掛け紙に包まれた、素朴な弁当だが「しんごろう入り」って？

「リバティ」に乗り、弁当を開ける。茶色い焼きおにぎりが「しんごろう」。昔「しんごろう」という名の若者が、母のためにご飯を丸め、じゅうねん（えごま）味噌を塗って焼いたそうだ。新米ができると振舞われる、五平餅風の逸品である。

ほかにニシンの山椒漬け、本ぜんまいと打ち豆の煮物、南会津産アスパラ天など会津の味を堪能。列車は

上・花が咲き乱れる、大川ダム公園駅／下・駅前に広がる太陽光パネル群を見ても、最初は意味がわからず「これが大川ダム公園なのか？」と、無理やり思い込もうとした

ガードレールが途切れた隙間に、小さな「大川ダム公園」入口案内看板が立つ。木々がこれ以上茂ると、看板が埋もれて見えなくなりそうだ

会津田島駅で買った、南会津おふくろ弁当。左上の、串に差された茶色く丸い食べ物が「しんごろう」だ。東北の素朴な味覚を満喫

緑いっぱいの大川ダム公園駅。公園はなくなったが、駅の名前は「太陽光発電所前」よりも「公園」がふさわしい

野岩鉄道に入り、車窓を森と山が流れていく。この秘境風景もあと少し、3時間後には浅草に着くのか。なんだか不思議だな。

　とか思ってくつろいでいたら、異変発生！

振り替えさせないJR

　鬼怒川温泉駅に停まった「リバティ」が、なかなか発車しない。そしてアナウンスが流れる。

「東武動物公園駅―幸手駅の間で人身事故が発生しました」マジで？　埼玉の事故が、栃木の果ての鬼怒川に影響してしまうのだ。10分後に「リバティ」はノロノロ動き出したが、再びアナウンス。

「この列車は栃木止まりとなります」なんだと？　「栃木から先は振替輸送を実施します」って、どこに振り替えろってんだよ！

　と暴れかけたが、栃木からJR両毛線で2駅隣の小山に行けば、新幹線か上野東京ラインで帰れる。特急料金は帰京後に、最寄りの東武線の駅で払い戻すそうで（スマホで調べた）なんとかなるだろう。

　だが栃木で降り、両毛線に乗り換えようと思ったら、東武線を出る改札に長蛇の列。「リバティ」乗客の9割が、温泉帰りのJジー&Bバーで、改札で引っかかって進みやしねーのだ。すると列の後方に並ぶ、チンピラ風のオッサンが怒り出した。

「おーい、これひとりずつやるのかよお！」

　チンピラだが正しい。だが高齢者たちはスマホを使えず、後日払い戻せることを知らないので「特急料金はどうなるの？」とかゴネまくり、列は全然進まない。なんだかなーもう。

　やっと改札を出たが、小山行きは50分後！　2駅進むのに50分待ち？　さすが栃木県！

　カフェでもあれば一服、と思ったらなくて缶コーヒーを買い、段差に座って飲む。なげーな50分。

　ここでポロンポロンとピアノの音。駅構内に最近流行りの街角ピアノがあり、地元らしい男が弾き始めたのだ。38歳くらいの童●っぽい男。

　一曲目は『時代』、そして『秋桜』『チキチキバンバン』『明日があるさ』……選曲が気持ち悪いな。

　無駄に広い駅構内にピアノの残響があふれ、そこに「特急不通」や「振替案内」のアナウンスが響きながら混ざり、気が狂いそうだ！　だが男はトランス状態でピアノを弾き続け、再び『時代』。レパートリーが尽きたなら、弾くのをやめて帰れよ！

地獄の50分を耐え抜き、やっと両毛線に乗って小山へ——5分後に新幹線が出る！　だが。

俺「振替で乗れますよね？」

男駅員「新幹線はご利用いただけません」

俺「特急券を買えば乗れますよね？」

男駅員「乗れません。そう決まっています」

誰が決めたんだ、国鉄総裁をここに呼べ！　と暴れそーになったがグッとこらえ、上野東京ラインが来たので乗った。なんだかな、もう。

ちなみに愛知県で名鉄が止まり、豊橋から振替で名古屋まで新幹線で行こうとすると、やっぱり断られるそうだ。私鉄の乗車券で新幹線に乗るなんて50年早い！　とでも言いたいのか。JRという会社は仕事で関わっても偉そうなので嫌いだ。

上野東京ラインの車内はザ・通勤電車の雰囲気満点で、旅情もへったくれもない。「しんごろう」の味わいも消えてなくなる中、納得いかない気持ちで上野へ——と思ったら途中で東武線が動き出し、久喜で特急に乗り換えて、浅草に戻ったのだった。

会津の旅の発着点は、東京駅や上野よりも浅草が似合う。特に根拠はないが、そう思った。

待合室に掲示された木の看板が、自然豊かな駅に似合っている。ここにも新島八重が。春は桜の花が、駅と駅前を華やかに彩るのだろうか

JR奥羽本線

東北の秘境駅探訪のラストは、福島から青森まで内陸部を縦断する奥羽本線。内陸部＝山だから、そりゃもう秘境度も半端ない。今や国内では珍しくなったホームでの「立ち売り」を見に行きつつ、もう1駅寄ったら意外すぎる珍グルメに遭遇！　簡単には周りきれない奥深さを実感した、東北旅の最終章。

力餅
峠駅 峠の力餅
通過列車にご注意ください。

1日目

福島 8時04分⬇**峠** 8時34分／13時19分⬇**米沢** 13時37分

福島から、たったひとりで峠駅へ

上野発6時台の新幹線「つばさ」に乗り、8時前に福島に着いた。眠いよ〜。だが福島発午前8時台の列車に乗らないと、目指す峠駅に着く列車は午後までない。

峠駅は、首から提げた箱に駅弁などを積んでホームに立ち、列車が停まると窓越しに販売する「立ち売り」で有名だ。昔は多くの駅で見られた立ち売りを、峠駅では今も行っているのだ。

峠駅で売るものは駅弁ではなく、峠の力餅。近くにある「峠の茶屋」の名物で、ホームにも店の人が立つ。ただし「立ち売り」で窓越しに買うと、峠駅そのものを体感できないので、俺は降りて歩いて餅も「峠の茶屋」で買うことにした。

さて福島駅の奥羽本線ホームへ——途中に「再開只見線」の大きなポスターが。只見線は2011年7月の豪雨被害で路線が寸断されたが、2022年10月に全線で運転を再開した。ただし鉄道ファンにはめでたいが、そう単純な話でもないらしい。

全線復旧までの間、不通区間を代行バスが走り、大きな問題はなかったそうだ。復旧にあたり沿線自治体は50億円以上の費用をかけ（つまり税金）、今後も各自治体は運営費を年間あたり億単位で払うという。「なら代行バスのままでいい」という意見も当然あり、未来はけっしてバラ色ではない。

そんな話を聞くと、旅で秘境駅を訪ねることに後ろめたさも感じるが——駅があるなら使うべきだ！と開き直って出かけるのである。

奥羽本線ホームに着くと、米沢行き下り普通列車が待っていた。2両編成、客はマバラだ。

奥羽本線は福島から東北を縦断し、青森に達する長大な路線だが、目指す峠駅は福島から4駅め。福島駅周辺は都会だが、たった4駅進んだだけで、風景は秘境に変わるのだろうか。

ちなみに当初は2泊3日かけて青森まで行こうと思ったが、途中の宿が全然取れない。山形で1泊だけ取れたが福島、秋田、青森は全滅！　なんちゃら旅行支援のせい？　というわけで下車駅を減らし、1泊2日で奥羽本線を旅するのである。

俺を含め3人の客を乗せ、列車は動き出した。だが次の笹木野駅で、ふたりが降りてしまい、俺はたったひとりで峠に向かった。

庭坂駅を出ると緑が増え、次は赤岩駅、のはずが2021年に廃止された。前方に山が見えてくる。

そして上っていく！　列車はグングン上り、さっき出たばかりの福島の街が、眼下に広がりだす。

森の木の枝が窓をこすり、キイキイと鳴る。列車はトンネルに突入、抜けたと思ったらまた入る。

板谷駅に着く。巨大格納庫？　そして列車はさらに上り、アナウンスが響いた。

「次は峠、峠です～」

峠駅から温泉に行こうと思ったら

板谷駅と同じく峠駅も、巨大格納庫風建物の中にホームがある。降りたのは俺ひとりだが、入れ替わりに乗る人が1、2……計8人。たぶん全員が観光客で、8分前に着いた上り列車で来たようだ。滞在8分、写真を撮ったら終わりだなー。

そしてホームに、もうひとり。

「ちっからもち～」立ち売りの人がいる！　ハッピ姿で、首から提げた箱に「峠の力餅」が山積みだ。

だが乗り込んだ8人が、窓を開けて買うことはなく、餅が売れないまま列車は出発した。そしていざ現場で見ると、なかなか難しいなと思った。

まず自分が座る席の真横に、立ち売りの人がいるとは限らない。そして列車は、すぐ発車してしまう。タイミングが合わないと、首尾よく買えないのだ。

列車が去ると、売り子さんもいなくなり、立ち売りはアッサリ終わった。俺はあとで「峠の茶屋」に行くので、まずはじっくり駅を見よう。

とにかく格納庫風の駅舎が凄い。屋根の下にむき出しの鉄骨が張り巡らされ『ブレードランナー』のようで「立ち売り」の雰囲気でもない。

小さな待合室があり、ベンチがある。時刻表を見る

構内踏切を渡り、外の日差しを求めて、駅の外へ。「建物の中にある踏切」も、珍しいのではないだろうか

熊と大泉さんのツーショット。『孫』の大ヒットから20年あまり、お孫さんも立派になられたことだろう

踏切を渡り、駅の出入口付近から、ホームの全景を見る。ホームは長く立派で、こんなに整備された「秘境駅」は、なかなかない？

塀の隙間から日が差し込み、地面にどこか幾何学的な模様を描く。一見して武骨で無機質な駅舎だが、随所で美しさも感じさせる

木の壁をダーッと支える「つっかえ棒」が圧巻!

上・駅から徒歩5分ほどで峠の茶屋へ／下・丸餅が入った力餅そば。立ち売りばかりが有名だが、そばもお餅も絶品で、体が芯から温まる

峠の茶屋に向かう途中のヘアピンカーブ。左から車がズズッと滑ってきて怖い

と下り米沢方面、上り福島方面ともに1日6本ずつ。上下とも午前9時〜12時台の列車はない。

そして秘境駅名物「熊に注意」の貼り紙。板谷—峠の間を歩くのは危険だそうだが、俺は次の列車が来るまで4時間45分、この近辺にいなければいけない。大丈夫だろうか。

さらに、ここは山形県だ。山形といえば。

「孫の電話に注意!」

オレオレ詐欺防止ポスターで、注意を呼びかけるのは「何でこんなにかわいいのか」大泉逸郎さん! 携帯を耳にあて「ん? 俺の孫だが?」と小芝居まで披露する逸郎さんだが、孫の電話も疑わなきゃいけないとは、イヤな世の中になったものだ。

そして線路脇で作業するオジさんが数名いて「気ぃつけてー」と声も響き、寂しくない。俺は構内踏切を渡り、出口へ向かう。踏切に「新幹線が通過する駅です」と、注意書きが貼られている。

さらに周辺マップもあり、名所は姥湯温泉、五色温泉、滑川温泉と滑川大滝。滑川温泉まで駅から徒歩1時間で、4時間45分あるから行ける? だが熊が出るかもしれない。

外に出ると空気がヒンヤリ。この日は10月半ばだが、ここは東北の山間部、12度くらいしかない。Tシャツ×チノパン×サンダルで乗り込んだ自分のファッションを呪いつつ、駅舎を外から見る。

外観も凄い駅だ。板張りで、外壁を支える何本もの鉄骨が「つっかえ棒」的にダーッと設置されている。広大な壁の一角に、いま出た出入口が四角くポコッと開き、その上に大きな「峠駅」の看板。

というわけで駅をじっくり丹念に見たが、でも次の列車まで4時間以上ある。とりあえず歩こう。

蛇行して延びる坂道を進む。未舗装で両側は森。「凄いところに来たな」と、ひとり言が漏れる。

5分ほど歩くと、ヘアピンカーブの先端に「力餅」の看板が立ち「ちょっと一休み」の文字。そして「つきたてのお餅、季節の山菜、おぞう煮餅、ずんだ餅、なっと餅、山菜そば」とめくるめく品書きが。ちょっと早いけど、行ってみるか。

案内に従い坂道を下ると、2階建ての民宿風の建物が見えてきた。屋根の近くに「峠の力餅」の看板を掲げ「ふるさとの味」と小さく添えてある。

だがガヤガヤと騒がしい……入口にズラリと停まる、大量のバイク！

「だからそれでさー！」「そしたらさー！」

バイクオヤジがざっと20人！　最近は全国どこに行ってもこの軍団がいて、うるさくて辟易する。静けさを破ってブロロロ！　と爆走し、バイクを降りたら数十人単位で店を占拠。なぜ集団で走るのか。

この軍団がいる間は落ち着かない。時間をつぶして出直そう。でもどこで？

温泉に行ってみようか。ヘアピンカーブに戻り、温泉に向かう上り坂を進んでみる。だが。

ズズズッ！　車がスリップしながら、俺めがけて突っ込んでくる！　千葉の柏ナンバーの車で、峠の茶屋めがけ、未舗装の坂道をスリップしながら下りてきたのだ。そこに俺という歩行者がいるなんて想定外。そしてそんな車が次々に来る！

仙台ナンバーの車がズズズッ、高崎ナンバーもズズズッ！　この道は歩けない、温泉は無理だ。

どーしたものか。どこかに座ろうにも、駅前にベンチもないし――あっ。

座れる場所がある。駅のホームの待合所。

駅に戻ると喧騒も遠くなり、静かになった。何度目だろうか。駅だけが秘境なのだ。

待合室のベンチに座ると、目の前に大泉逸郎さんがいて（ポスターだけど）ホッとした。

なぜ「駅前」に車で来るのか。鉄道があるのに。

峠の茶屋でひと休み

30分くらいボーッとしていると、誰かが駅に来て人の声がする。次の列車に乗る人？　でもまだ10時半、列車が来るまで3時間近くある。

と思ったら「凄いわねーこの駅」「すげーなー」とデカい声。70歳くらいの夫婦が、車で見物に来たらしい。そして突然ゴオオオッと新幹線が通過！

「うわわわっ！」「やだっ、やだーっ！」と夫婦は騒ぎ、すぐ出ていった。なんだかね、もう。

ほどよく時間が過ぎて、再び峠の茶屋へ。バイク軍団はいなくなり、先客は初老の夫婦だけでホッ。力餅をひと箱買い、餅入りの「力餅そば」と、食後のコー

「秘境駅」と呼ぶのが失礼に思えるほど、大滝駅の駅舎は外観、待合室ともスッキリと整っている。駅舎の中には掲示物も多いので、ノンビリ眺めつつ列車が来るのを待ちたい

大滝駅に降り立つ。豪雨被害の爪痕は、もはや感じられず、緑が多くて爽やかな駅である

左・大量の木材が置かれていた及位中学校跡。閉校は残念だが、山積みの木材が、大滝の生活を支えている／右・峠の力餅は翌日も柔らかくて、結局2日で8個を食べきってしまった

ヒーもお願いする。シメて3000円。

やっと落ち着く。魔法瓶と湯飲み茶碗がある。お茶でも淹れよう、と思ったら先客ご夫婦の奥さんが俺のぶんも淹れて「ハイどうぞ」と渡してくれる。

「どちらから?」「東京です」「あれまあ遠ぐがら」そしてTシャツ姿の俺に「寒ぐねーの?」と聞く。ここまでドタバタしたけど、やっと東北の旅情。

壁の貼り物を見る。まず米沢の方言集。

んだべ=そうだなあ。んだずなあ=そうだなあ。んだごで=そうだ。全部同じに見えるが、でも違うのだろう。「こわい」は「疲れた」または「痛い」。

「米沢方言のれん」が下がり、東西番付がズラリ。東の横綱が「おしょうしな」(ありがとう)、西の横綱が「おわえなえ」(お上がりください)。

続いて力士が力士を肩に担ぐ、まさに「力持ち」絵柄の古い包み紙。これは柔道の肩車、グルグル回せばアニマル浜口のエアプレーンスピン!

「こんな山の中まで御出でいただきまして、ありがとうございます」の挨拶書きも。そして昔の立ち売りの写真。ホームは屋外にあり、青空の下に列車が停まっている。窓から顔を出して、餅を買う乗客。

今の駅舎も面白いけど、やっぱり立ち売りは、空の下のホームで買いたいかな。

大きな丼で、そばが出てくる。たっぷりの山菜とキノコ、丸餅がふたつ。餅は柔らかく絶品だった。

駅に戻り、待合室で再び大泉さんを眺めていると――人の気配。ハッピ姿の茶屋の人。首から提げた箱に、山積みの力餅。

車内に先客が数人いるが、誰も力餅を買う様子はない。俺は力餅が入った袋をブラブラさせながら、列車に乗った。


峠駅の開業は1899(明治32)年。板谷峠の頂点近くにあり、峠駅を含む前後の4駅(赤岩駅、板谷駅、峠駅、大沢駅)では、スイッチバックで列車が運行した。険しい斜面をジグザグに進む設備で、後述の土讃線の項で詳しく紹介する。

格納庫風の巨大駅舎は、もともとはスイッチバック設備を雪から守るためのスノーシェルター。山形新幹線開業に伴いスイッチバックは廃止されたが、シェルターは駅舎として今も健在だ。

板谷峠付近は東北でも屈指の豪雪地帯で、急勾配も加わり鉄道泣かせの難所だ。だが奥羽本線は東北の太平洋側と日本海側を結ぶ貴重なルートであり、今日も頑張って峠を越え、旅客を運んでいる。

「峠の茶屋」の立ち売りは、1901（明治34）年から120年以上続く伝統名物。峠は英語で「パス」なので受験生にも人気だとか。力餅の掛け紙にも「合格」の2文字が書かれている。

峠駅が最寄りの滑川温泉は、地元の「斎藤さん」が川の中で足を滑らせて転んだ時に発見したとか。川で滑ったから「滑川」温泉。姥湯温泉は「山姥に教えられて」発見したという伝承があるそうだ。

峠の力餅は米沢駅前や山形新幹線車内でも売られているが、暖簾分けした別の店だそうで、本家本元の力餅は峠に行かなければ味わえない。

そして——板谷峠の下にトンネルを掘る構想が検討されているとか。そうなったら峠駅は、そして立ち売りはどうなるのか。たぶんJRの偉い方々の念頭に、そこに対する配慮はない。

米沢駅で降りると、米沢牛の店だらけ。ステーキの大看板が立ち、米沢牛の自動販売機まである。

駅前に峠の茶屋もあるが、寄らずに通り過ぎる。ベンチに座り、力餅の包みを解いた。掛け紙に飛脚の絵、行司の軍配に「力餅」の文字。SLと運転士と路線図も描かれ、滑川温泉ほか名所案内入り。

箱を開けると、まん丸の餅が8個。全部食べられるかな、と思いつつ1個をパクリ。柔らかい。

米沢は奥羽本線の、南の端っこだ。さらなる秘境を目指して、もっと北へ。

【2日目】

新庄 7時55分➡**大滝** 8時26分／10時17分➡**真室川** 10時33分／11時38分➡**横手** 12時53分／14時20分➡**秋田** 15時35分

大滝 豪雨被害からまもなく半世紀

青森まで行きたかったが宿を取れなかったので、秋田まで行って東京に帰ることにした。ちなみに奥羽本線では2022年の夏に、大館―東能代間が豪雨で不通になり、バス代行が行われた。とにかくこの夏の北日本は、大変だったのである。

帰る前に、秘境駅に寄っていきたい。選んだのは山形県北部、真室川町の大滝駅。真室川町は1970年代に、未曾有の豪雨被害に見舞われた。

1975（昭和50）年8月6日、集中豪雨で最上川支流の真室川が決壊し、河岸の真室川町を濁流が襲った。死者・行方不明者5名、100戸以上の家屋が全半壊する大惨事となった。

国鉄（当時）奥羽本線も大雨で立ち往生し、大滝駅に下り急行「津軽2号」が臨時停車。そこに土石流が襲いかかり、列車の後部3両が脱線、うち1両は転覆。死者1名、負傷者18名、押し流された住宅の住民も1名が亡くなった。

町は復興したが、大滝駅周辺の住民は集団移住を余儀なくされた。大水害は発生した日にちなみ「ハチロク水害」として、地元で語り継がれている。ただし全国的にはこの水害を記憶する人も、そして真室川町の名を知る人も、たぶん少ない。

2日目はまず山形新幹線で新庄に向かい、奥羽本線の下り、普通・秋田行きに乗り換える。車内は学生で満杯で、発車ベルも鳴らないまま動き出した。

ひと駅目の泉田駅周辺は、整った住宅地。霧にかすんで山のシルエットが見える。

次の羽前豊里駅に着くと、山が車窓に迫る。続いて真室川駅、釜淵駅を経て、大滝駅で降りた。

緑に囲まれる駅だが、遠くに集落が見え、息を飲む秘境ではない。川のせせらぎが聞こえる。

2階建ての立派な駅舎に、きれいなトイレもありホッ。用を足してから、駅舎内を探索する。

真室川北部小学校5&6年生による手描きポスターに「あがらしゃれ真室川」の文字。「来てけろ里山さうめものあっぞー」と、町の特産品を紹介している。とっくりかぶ、じんごえもんいも、かんじろうきゅうり、ひろこ、もがみかぶ。ひろこ？

続いて駅名由来の案内板。昔、この地には雄勝峠を越えて羽後国（秋田県）へ向かう街道が通じていた。

まるで豪農の屋敷のよう、風格漂う真室川駅。簡易委託駅なのだが、そんなわけで駅には大量の人がいた

上・長い人生で初体験のサラダ寒天。長く寒い冬を乗り切るための保存食として、寒天料理が発達したという説もあり／右・駅舎は豪勢だが、ホームは簡素な真室川駅

緩やかに蛇行する真室川。流れはひたすら穏やかで、かつて街を飲み込んだことが、信じられない

駅前に立つ真室川音頭の碑。本当にヒットしていたらゴメンなさい

峠は標高1000メートル級の神室山系の峠道で、難儀な道行き。人々は霊峰・神室山を神聖な存在として崇め、峠を越える前に街道沿いの大滝に打たれ、身を清めるのが習わしだった。

そしてある時、旅人が滝に打たれていると不動明王が現れて——以下いろいろあって、とにかく付近の地名は「大滝」になった。駅の開業は、1941（昭和16）年9月20日。

待合室は広くてきれいで、壁に時刻表と運賃表と丸い掛け時計。旅人ノートの脇に置かれた手袋は、誰かの忘れ物だろうか。列車は上り新庄方面、下り秋田方面ともに、1日8本。

外に出ると、予報では言っていなかった小雨がパラついている。線路沿いの道を西へ進み、現在の大滝集落を目指す。

駅前に自転車置き場とバス停があり、車が1台停まり、運転席で白髪のオジさんが休憩中。ほどなく車は動き出し、俺を追い越していく。

と思ったら、車が俺の真横でピタリと停まった。窓を開けて、オジさんが俺を見る。

「どこまで行かれますか？ お送りしますよ」

優しい口調。ありがたいが、駅から大滝集落まで徒歩10分、歩いて「駅前」の写真も撮りたい。

「写真を撮りながら歩いているので、大丈夫です」

そう答えると、オジさんは笑って走り去った。家も何もない駅前で、人と話すとは思わなかった。

その後しばらく車は通らず、歩く人もいない。線路沿いの道をひたすら歩く。線路と歩道を仕切るフェンスが草で覆われ、歩道にも蔓が這っている。

道ばたに赤い鳥居が立ち、くぐって階段を上った先に神社がある。前方に大滝集落が見えてくる。

集落の入口に「及位《のぞき》中学校」がある。だが校庭に木材が積まれ、敷地内をトラックが行き交い、すでに閉校した様子。

道の両側に家が並び、秘境ではない。駅を利用する人も、それなりにいるはずだ。

そして立派な製材所があり、木材がビッシリ積まれている。玄関先に木製の、自由の女神を置く家もあり、ここは「木材のまち」なのだ。さらに手入れが行き届いた田んぼも広がっている。

40年前に、水害で流された集落。だが場所を変えて、生業を地道に続け、静かな活気が漂っている。大滝駅周辺は秘境だが、大滝は秘境ではなかった。

小雨はやまず、駅に戻る途中に本降りとなる。待合室に駆け込み、ホッとひといき。昨日買った峠の力餅の包みを開け（持ち歩き）ひとつ食べる。

1日経っても柔らかいのでビックリ。そしてほどよい甘さのおかげで、雨の中を歩いた疲れも忘れ、元気が出てきた。さすが力餅。

壁の時計で時間を確認。10分後に上りの新庄行き列車が来る。

真室川駅で珍グルメを買う

「真室川さ　よぐきてけったにゃー」

真室川駅に着くと、ゆるキャラ「きてけろくん」の横断幕に歓迎された。駅舎が立派でデカい！　2階建ての豪勢なお屋敷風で、屋根にシャチホコが付き、木の駅名標に「森の停車場」の文字。

そして無人駅のはずが、お年寄りが大勢いる。ベンチに座り、お菓子を並べ、お茶を手に大・井戸端会議！　構内に地元物産ショップがあり、町の人々のサロンと化しているのだ。

駅を出て、小さな市街を抜けると、川が見えてきた。真室川だ。そして河畔の公園に「防災記念碑」が立っている。碑文は特にない。

この川が氾濫して、街を襲った。だが青空の下、緑に包まれ川が流れる風景は、のどかで美しい。

河川敷に大きな説明板が立っている。水害の記録かと思ったら「真室川音頭」の案内。

明治時代の北海道の唄「ナット節」を元に、戦前戦後にかけ真室川で歌われた。戦前の真室川は真室鉱山と、軍用飛行場建設に携わる人々でにぎわい、歌は戦後に全国に広まった。

ここまではいいが「昭和20年代に『真室川ブギ』がヒットしました」って、ヒットしたのか？　少し笑いながら河川敷をあとにして、駅に戻った。

売店で買い物。山菜やキノコをしょう油に漬けた「真室川漬け」の缶詰と、山芋の葉っぱの付け根にできる小さな子芋「むかご」（コレ大好き）と……。

なんだコレ「サラダ寒天」って？

長方体にカットされたポテトサラダ色の寒天が、パック詰めで売られている。寒天の中にニンジンやキュウリらしきものが見えるが、ポテサラの寒天?

そういえば山形北部や岩手南部は、なんでも寒天で固めると聞いたことがある。最近は横手やきそば寒天(!)も登場したとか。

そんなわけで、謎のポテサラ寒天も購入。駅ナカのサロンで食べよう……と思ったら真室川の皆さんが一斉に「誰コイツ?」という視線で俺を見る。座ることさえできず、秋田行きの列車が来たので、ポテサラ寒天を手に提げて乗った。

そのまま秋田に直行して東京に帰る――のもツマラないので横手で下車。焼きそばを食べて帰ろう。前にも来たことがあり、15年ぶりの再訪だ。

――駅も駅前も、こんなんだったっけ? 開発されていて、秋田の地方都市に来た感じがしない。至るところでデカいビルを建築中で、クレーンがガガガとうなり、何か造ったり壊したりしている。

とりあえず焼きそばだ。駅前の店に入ると、焼きそば以外のメニューもあるが、店のお母さんに、

「焼きそばでいいわね!」

と注文前に言われ強制焼きそば。「鶏皮ギョウザも人気よ、どう?」と強引な商売っ気にひるんだが、焼きそばだけ食べて、すぐに出た。

B-1グランプリ常連の横手焼きそばだが、そんなに珍重する料理だろうか? 家でソース焼きそばを作り、目玉焼きを乗せ、福神漬けを添えれば十分……横手でそんなこと言ったら消されるかも。

そして焼きそばだけじゃ腹がもたない。立派になった駅に、イスとテーブルが並ぶ広大なフリースペースがあるので、ポテサラ寒天のパックを開けた。

割りばしでズズとカット、ひと口食べる。そのお味は?(テレビなら、ここでCMが入る)

――文章では形容しがたい、生まれて初めて体験する味と食感だった。日本も広いね、狭いようで。

横手焼きそば

箱根登山鉄道

都心から日帰り秘境駅

東京から「安近短」の小旅行先といえば箱根だ。近すぎて「秘境」のイメージはないかもしれないが、そこは「箱根の山は天下の険」とデューク・エイセスも歌っただけあって（古すぎ？）しっかり秘境駅が存在する。思い立ったら気軽に秘境へ。せっかくなので、千葉の房総半島の秘境駅にも行ってみた。

小湊鉄道&いすみ鉄道

1日目―箱根登山鉄道

新宿 10時00分⬇（ロマンスカー）⬇**箱根湯本** 11時27分／11時36分⬇**塔ノ沢** 11時40分／13時28分⬇**箱根湯本** 13時32分

ロマンスカーは大混雑！

秘境駅があるのは、東京から離れた辺境の地だけじゃなく、日帰りで行ける近場にもある。というわけで箱根と房総の秘境駅を攻めることにした。まずは箱根登山鉄道の塔ノ沢駅へ。

俺が住む東京下町からの最短ルートをヤホーで検索したら、新幹線で小田原まで行き、小田原から登山鉄道に乗れと出た。でも何だかツマらない。箱根に行くなら、やっぱりロマンスカー！

新宿10時発のロマンスカーを予約して、9時半に小田急ホームに向かった。すると平日なのに大行列！人はこんなにも箱根を目指すのか？

インバウンドも戻り始め、バックパックを背負った金髪カップルや東南アジア人が「ハコネ！　ハコネ！」と叫んでいる。そもそもロマンスカーは全席指定だから、行列しなくても座れるのに。

ロマンスカーも早めに入線すればいいものを、ホームに滑り込んだのは出発5分前。小田原方面から乗ってきた人がドバーッと降りて、すでに満杯のホームに人があふれ返る。5分後に出発できるのか？

人ごみにもまれて乗り込み、予約した席にたどり着き、ホッとひと息。と落ち着いたのも束の間、隣に若い女が凄い勢いでドカンと座る。足をガバッと組み、缶ビールをプシュッ！　そしてスマホを耳に当て、大声で話し出す。ハングル。

ロマンスカーも旅情が薄くなったな。とにかく怒涛の客入れ替えを済ませ、慌ただしく発車した。

町田を過ぎると車窓に緑が増え、海老名を過ぎると田んぼが広がり、行く手に山が連なりだす。

小田原で隣のハングル女は降りた。ここから単線になり、箱根登山鉄道に直通。車窓に小田原城も見える中、カーブが多くなり……上っていく！

車窓の小田原市街が、眼下に離れていく。さらに上り、列車は山と山に挟まれた景色の奥へ。

終点の箱根湯本駅に着くと強羅行き列車が待っていて、スムーズに乗り換え。客の大半が、カメラを持った観光客。列車はさらに上っていく。

高度と一緒に旅のテンションも上がるが、俺は次の塔ノ沢で降りるのだ。トンネルの中で「次は塔ノ沢〜」とアナウンスが流れ、トンネルを抜けたすぐ先にホームがあり、列車は停まった。客は大勢乗っているのに、降りたのは俺だけだ。

塔ノ沢 温泉郷の最寄り駅

列車が行ってしまい、俺はホームにひとりポツンと残された……わけでもない。

「ウサギさんチームはここに集合してぇ！」

教師に引率された小2くらいのガキいやお子様たちが100人以上！ 数班に分かれ、ホームのいろんな場所で集合写真を撮っている！

「笑って！ ナントカちゃんもホラ笑って！」

教師がうっせー！ 鉄道で来た俺に撮影を譲れ！ 騒ぐだけ騒ぎ、奴らはいなくなった。やっと駅を細かく見る。ホームはグワンとカーブして、両端にトンネルがあり、小幌と同じくトンネルに挟まれた駅だ。三角屋根の山小屋風駅舎があり、出入口に立つ「塔之沢温泉郷案内」看板に旅館名がズラリ。

周辺は森で、駅名標に「標高153M」の表示。ロケーションは秘境だが、列車は上下とも1時間に4本ペースで頻発する。

そして上りホームの一角に鳥居が立ち「深沢銭洗弁天」のノボリが揺れ、鳥居をくぐった先に社殿が見える。神社がホームに直結しているのだ。「一滴来福」「弁天癒水」「良縁結び」などの文字が並ぶ。

「大正時代、塔之沢温泉によく宿泊していた実業家の夢枕に白蛇が現れ、清らかな水が流れているところに小さな石造りの社を建てたのが始まり」だと、箱根湯本観光協会のホームページに載っていた（あとで見た）。境内の水「弁天癒水」で金を洗うと、何倍にも増えるらしい、というのもあとからホームページで見た。現場に書いておいてほしい。

――うっ、まさかのウン気をもよおす。秘境駅で便

塔ノ沢駅。整った駅舎のほかに、ホームにも屋根とベンチ付きの待合スペースがある

塔ノ沢駅の駅舎。この中にきれいなトイレもある。秘境駅でも快適なのは、さすが箱根といったところか

「駅前通り」の途中に、小さなアベック地蔵が立っていた。説明文などは特になくて、詳細はわからず

塔ノ沢駅はICカード利用可能。ホームに降り立ち、駅の外に向かうための跨線橋が「出入口」なので、上る時にうっかりカードのタッチを忘れないよう気をつけたい

上・深沢銭洗弁天の、境内の奥に洞窟があり、何かが祀られていた／左・狭くて階段状の「駅前通り」を下りて、温泉街へ

跨線橋の上から駅を俯瞰しつつ、橋から坂道を上った先にある、そば屋へ向かう

温泉郷に降り立つと、そんなわけで車が渋滞、喧騒にめまいを覚えた。左の崖の上に延びる階段が、駅に続く「駅前」通りだ

意だけはもよおしたくないが、トイレはあるか？

おおっ、ウォシュレット付き暖房便座洋式！　問題なく用を足し、撮影の続きに戻った。地獄で仏、秘境駅できれいなトイレ。

跨線橋の上に道が続き「↓阿弥陀寺」の案内板。ただし道は草ボウボウで、登山の雰囲気だ。例によって足元はビーサンなので、深入りはできない。

でも「そば」のノボリがはためき、上った先にそば屋があるらしい。近ければ食べよう。

とりあえず駅を出て、温泉郷に行ってみるか。


駅前に小さな売店があり、弁天様の参拝グッズを売っている。店内にオジさんがいて、ペコリと頭を下げるとオジさんもペコリ。

駅から森へ続く、山道のような「駅前通り」を進む。車が入れない道で歩きやすい。駅前にトタン張りのアパート風建物があるが、人の気配はない。

途中に鯛ご飯店の看板。そして温浴施設「箱根湯寮」に続く道が分かれるが、ひなびた雰囲気ではなさそうだ。さらに「はこね焼」の「権現窯」の案内と、弥八七福神の毘沙門天、智恵地蔵などなど。

坂道と階段を下りて、やっと温泉郷に降り立つ。駅は高い場所にあるのだ。そして大きな温泉旅館が並び、確かに温泉郷だが――車が多い！

道は狭くカーブだらけ、歩道がない。端っこを歩く俺の肩先を、トラックがスレスレ豪速通過！　観光バスもガンガン通り、この上なく歩きにくい。

途中に温泉郷の説明マップがあり、トラックに気をつけつつ見る。塔之沢温泉は江戸時代の箱根七湯のひとつで、老舗宿が今も並ぶ。阿弥陀寺はアジサイの名所である、などなど。


由緒正しい温泉らしいが、車が多すぎてノンビリ歩けない。閉じた土産屋も目につき、寂れた雰囲気だ。鯛ご飯の店もあるが、惹かれずに通り過ぎる。

自販機が並んでいる、と思ったら電源は入っていない。ラーメン缶自販機もあるが、落ち葉が積もる敷地内に放置されている。自販機の墓場だ。

メゲずに進むと、石のアーチがみごとな千歳橋が見えてきた。1933（昭和8）年に竣工し、土木遺産に選定されているそうだ。橋の上から落差こそないけれど滝が見えて、なかなか迫力がある。

車さえ多くなければ、いいところなんだけどな。

とにかくトラックが猛スピードで突っ込んでくるので長居できず、早々に引き返した。駅に続く、車が入れない坂道に着きホッとする。ここもまた駅と周辺だけが、落ち着いて過ごせるオアシスなのだ。

駅前売店に寄ると、参拝グッズと一緒に梅干が売られている。「自家製」の札が添えられ、ビニール袋にギッシリ入って500円。梅干を買うと、ご主人が「鉄道で来られたのですか？」と優しく言った。

跨線橋から道を上ると、すぐにそば屋が見えてきた。森に囲まれた一軒家。山菜そばを注文し、庭のテーブルについて待つ。

四方を囲む森から鳥の声と、川のせせらぎが聞こえる。車の音は、ここまでは聞こえない。

ここだけが秘境だ。駅と、ここだけが。

店のお母さんが、半ソデ&ビーサン姿の俺を見て「寒くないの？」と言って笑った。そばをすすっていると、列車の音が聞こえる。駅に列車が着いたようだが、1時間に4本来るから、焦ることもない。


ひと息ついて駅に戻ると、列車が来た。

箱根登山鉄道の路線は、1919（大正8）年に開業。当初から観光鉄道として、スイスの登山鉄道を参考に建設された。

東京者にとって箱根は身近で「秘境」のイメージは薄い。だが箱根登山鉄道は、日本の鉄道では屈指の急勾配を進む、堂々たる秘境鉄道である。

塔ノ沢駅は1920（大正9）年に開業。弁天様を寄贈した実業家の関係者が、周辺の温泉宿をよく利用して、芸者も多くにぎわったそうだ。

ただし今は箱根登山鉄道の中で、塔ノ沢駅の利用客は多くない。箱根湯本から1駅目の「近さ」のせいもあるのか。その先に上り、さらに秘境を目指したい人が多いのかもしれない。

箱根湯本駅に戻り、小田原行きの列車に乗り換える。駅の売店は観光客でごった返し、線路に並行する道路は大渋滞！　塔ノ沢駅の秘境風景や、山菜そばの記憶は、瞬く間に遠くなった。

小湊鉄道の飯給駅で下車。個人的に昔は千葉県の京成沿線に住んでいたので、このツートンカラーは懐かしい

上・飯給駅ホーム。11月末に訪ねたので、クリスマスの装飾がほどこされていた／右・飯給駅の駅舎。外装から待合所の貼り物まで、手作りの「手弁当感」にあふれている

左・上総鶴舞駅。赤くくすんだ瓦屋根が、歴史の風格を感じさせる／右・上総鶴舞駅の、草に覆われたホームと線路は、たぶんもう現役ではない。ホームの脇に発電所跡が残っている

2日目 小湊鉄道

五井 8時52分➡**飯給** 9時47分／10時48分➡**上総鶴舞** 11時03分／11時55分➡**上総久保** 11時59分／13時07分➡**上総中野** 13時51分

いすみ鉄道

上総中野 14時05分➡**久我原** 14時16分／15時21分➡**大原** 16時15分

五井駅の喧騒の片隅に

月曜朝8時のJR内房線五井駅は、通勤通学客でごった返している。五井から東京へ、JR横須賀線の快速が直通。駅は大きく駅前にマンションが並び、堂々たるベッドタウンだ。

人でごった返すJR改札口。自動改札が並ぶ端っこの、駅員がいる有人改札が、実は小湊鉄道の出入口だ。なんと「一言断ってJR構内に入り、乗り場へ向かう」アナログな駅の入口なのである。

「小湊に乗ります」と断り、改札を抜けて構内へ。そして喧騒の片隅に小湊鉄道の入口があり、そこだけ雰囲気が違う。

弁当を売っていて、千葉だけにアサリ弁当！「房総里山トロッコ」の案内が貼られ、イベント情報ポスターに、派手なチンドン屋の写真と「チンドンが市原にやってくる」とコピー。

そしてローカルの香り満点の広告「ミセスファッション専門店」「手仕上げによる印鑑」などなど。さらに「養老渓谷往復割引乗車券」が販売される一方で「スイカ、パスモは使えません」のお知らせも。

１日乗車券を１８４０円で買い、改札を抜ける。改札に近所の主婦っぽい女性がいる、と思ったら駅員さん！　駅員室の入口がドアじゃなくてノレン！　観光客がいっぱい、初老のご婦人だらけ！　この日は11月、養老渓谷の紅葉を見に行くようだ。

ホームに降りると2両編成の列車が待っていて、クリーム色×オレンジ色のツートンカラー。錆びと汚れが年季を感じさせる。

そして木のベンチ、タイル張りの水飲み場、石造りのイノシシの置物も。大きな鉢植えの側面に手書きで「ガールスカウト」の文字。天井から下がる広告は「ちばぎん」に「市民サッカークラブ」。

列車に乗ると、ほぼ満員！　ロングシートに空席を見つけ、座る。天井に大きな扇風機も。

ディーゼルエンジンをゴゴゴと響かせ、列車は出発した。隣の初老のオジさんが、声をかけてくる。

「お兄さんは、チバニアン？」はい？

「ホラ地磁気が逆転したでしょ」何のことかと思ったら「チバニアン」は地質年代の名称のひとつで、市原市内の養老川沿いに地層断面「千葉セクション」があるそーだ。ここで「養老渓谷方面に参ります」と、女性の肉声アナウンスが流れる。

車窓に田園が広がる。隣のオジさんに「ぞうの国は、これで行けるかな？」と聞かれるが、わかりません！　ローカル線だ。東京から遠くないのに。

上総村上駅に着く。低い木々に覆われる駅名標。古い駅舎に木の改札、周辺は田んぼ。

海士有木駅。崩れかけた古民家のような駅舎に、たぶん手書きの駅名標。

どの駅も風情がある。次回はひと駅ずつ降りて、駅前をノンビリ歩いてみたいな。

上総三又駅。木造駅舎。

上総山田駅。白木のベンチ、トタン屋根の駅舎。

馬立駅を過ぎると、車窓の片側が森になる。あとで降りる上総鶴舞駅と上総久保駅を過ぎて、高滝駅へ。「よってがいよ」と書かれた看板が見える。

里見駅を経由して飯給駅へ。ここでまず降りた。

飯給駅 名物は巨大トイレ

飯給と書いて「いたぶ」と読む。関東屈指の難読駅で、俺は最初「めしきゅう」と読み、給食当番みたいな駅名だと思った。壬申の乱に敗れて落ちのびた弘文天皇一行に、この地の人々が食事を捧げたから「飯給」なのだとか。

狭いホームに青いトタン張りの駅舎、木のベンチが置かれ、手書き風の駅名標が立つ。クリスマスの星型の飾り、ハイキングコースの案内。待合室の壁に、汽車と線路と森の絵そして……イルミネーションスタンプ？

　インクをつけ、手元のノートにポン……のわっ、蛍光ブルーのインクが手にベットリつき、その手でカメラを触ったからカメラも蛍光ブルー！　このブルーが「イルミネーション」なのか。

　――シッコをしたくなる。50を過ぎると尿意は突然やってくる。今こそ飯給駅前名物の出番だ！

　駅前に巨大な屋外トイレ！　有名な建築家がデザインして「トイレット　イン　ネイチャー」と名前もついている。ただし女性用で、塀で囲まれ中は見えない。ではこの尿意をどうすればいいのか！

　絶望しかけたら小さな男トイレもあり、ジョジョーッと用を足した。ふうっ。

　身も心も軽くなりトイレを出ると、初老の婦人がふたり来る。列車に乗るのかと思ったら。

「コレがアレよ、ホラあの有名な！」

　トイレだけ見て、入口に停めた車に乗り、サッサといなくなった。と思ったら別の車が停まり、若いカップルが降りて、トイレの写真をビシバシ撮って帰っていった。なんだかなー。

　ちなみに駅入口の貼り紙に、

「ホームにバイクで乗りつけ、ツイッターやインスタに写真をアップする人がいます。ローカル線だからといって、許される行為ではありません」

と怒りに満ちたコメントが書いてあった。変な世の中になったもんだね、まったく。

　駅の周辺を歩く。森林組合の施設があり、丸太が積まれ「しいたけ原木販売中」とのこと。イノシシ除けのテープもあるそうだ。

　木立に挟まれた奥に階段が延び、上った先に白山神社。ここまで見たところで、列車の時間が迫ってきたので、駅に戻った。

　トイレは有名だが、列車で来たのは俺ひとり。また車が来て、カップルが降り、トイレの写真を撮ってワーワー騒いで去っていった。

上総鶴舞駅と上総久保駅

　折り返しの五井行き列車に乗ると、今度は空いていてホッ。4駅戻り、上総鶴舞駅で降りた。ホームの端っこに向かい、停車中の列車を撮影――ん？

小湊鉄道と、いすみ鉄道の結節点、上総中野駅。訪ねたのが日曜のせいか、多くの鉄道ファンでにぎわっていた

上・久我原駅の線路脇に延びる小道が「駅前通り」。線路と駅前を仕切るフェンスなどは特になく、目の前を列車が走り抜ける／右・久我原駅に降り立つ。ここもホームが狭い！

上総中野行き列車が出発する。間近を通り過ぎる列車の「ガタンゴトン」という音は、周囲の山々に瞬時に吸い込まれた

少し離れて久我原駅を見る。ホームがあり、待合室が立っているのに、なぜかあまり「駅」という感じがしない

すでにホームに三脚を立てて陣取るオッサンが数人。狭いホームに三脚を立てるな！　車で来たらしいが、列車で来た俺に撮影場所を譲れ！

「ジャマくせえな！」と心で思ったつもりが口に出していたようで、オッサンたちはオドオドした表情で場所を空けた。車で来んなよ車で！

気を取り直し、ホーム周辺を見渡す。線路を挟んだ向こうに立つ古い建物は、鶴舞発電所跡。小湊鉄道は、昭和の初め頃に電気事業にも参入し、なんとここで発電を行っていたのだ。

続いて待合室。白い壁に赤い屋根、開業当初からの駅舎だそうで、丸窓の出札口などが残っている。

だが壁に貼られる「撮影に関しての注意事項」に目が留まった。

「人物が映り込む撮影は極力控えてください」「無断での商用利用の撮影は固くお断りします」「当駅で行われている撮影は、全て当社担当者と事前打ち合わせの上実施されております」そうだろうけど堅苦しいな。そしてロケ出演者名も、ズラリと表にして貼られている。

水谷豊、渡瀬恒彦、堀北真希、ウッチャン、広末涼子、相葉雅紀、キスマイ、二宮和也、タモリ、壇蜜、嵐メンバー、松本人志、西島秀俊、長渕剛、V6岡田准一、櫻井翔、松たか子、前田敦子（敬称略）。

凄いメンバーですね、ハイハイ！

都心から近いのにローカル線の風情が残っているから、ロケで重宝されるのだろう。でも生活利用者は減っている様子で、現に今も俺以外誰も降りなかった。なんだかね。ほかに「関東の駅100選」の認定証と「都市景観賞」の標識も飾られている。

外に出て駅舎を見る。この日は11月下旬で、駅前にカカシのサンタがズラリと並び、なぜかゴルフのキャディ風。

駅前を国道297号が通り、道沿いに大宮分教場跡と大宮神社。そして国道から駅に続く路地の入口に、これまた大きな「関東の駅100選　上総鶴舞駅入口」の標識。

関東の駅の数は2000くらい？　だとしたら100選は、さほど高倍率でもない。ほかの99駅も、こんな風に「100選」を前面に推しているのか。

三脚オッサン軍団も消え、駅周辺に人はいない。もうすぐ次の列車が来るのに。一方で国道を、ひっきりなしに車が通りすぎる。

待合室に戻り、再び有名人リストを見る。呼び捨ての「嵐メンバー」という書き方が引っ掛かる。この呼び方、前にどこかで聞いたような……。

アレだ。まだSMAPにいた稲垣ちゃんや草なぎちゃんが捕まった時、なぜか「容疑者」ではなく「稲垣メンバー」「草なぎメンバー」と呼んでいた。

列車が来たので乗った。

ほかにアレもあった、ほらアレ。山口メンバー。

観光名所となり、人が殺到する小幌駅と土合駅。秘境駅を観光資源にしようとしている幌延町。ロケに活路を見出す小湊鉄道。

でも基軸となる生活利用者がいなければ、駅は成り立たない。そもそも利用者がいないか、極端に少なければ、そこに駅がある必要はない。

隣の上総久保駅で降りた。小湊鉄道きっての秘境駅と聞いたが、家が多く国道も通り秘境感は薄い。周辺の田んぼ越しに駅を見ると、秘境駅に見えないこともないなと思った。

五井駅で買ったアサリ弁当を、ホームのベンチで食べた。炊き込みご飯にアサリがたくさん入っていて「千葉だなあ」と、ようやく思った。

いすみ鉄道／久我原大学はどこにある？

養老渓谷方面に進み、終点の上総中野駅で下車。いすみ鉄道に乗り換えて房総半島を横断し、途中の秘境駅で降りつつ、終点の大原へ向かう。

1930（昭和5）年に開業した国鉄木原線が、1988（昭和63）年に3セクのいすみ鉄道になった。しかし赤字経営が続き、廃止も検討されたが、2009年に社長を公募。元航空会社勤務の敏腕社長が就任し、レストラン列車やネーミングライツなどを次々に実行、一転して存続することになった。

上総中野に来たいすみ鉄道の列車は、台湾の鉄道とコラボ中。車内に下がる、無数の台湾風ボンボリ（ランタン？）に圧倒されつつ中野駅を出発した。

列車は森の中を進み、森を抜けると田んぼが広がり、また森の中へ。3駅目の久我原駅で降りた。

ネーミングライツ駅のひとつで、駅名標に「三育学院大学　久我原駅」の表記。周辺は森だが、大学が近くにあるのだろうか。

狭いホームに小さな待合室があり、壁が貼り物で埋め尽くされている。だが「その一言が人をなぐさめる」「ありがとう」など、俺の趣味には合わない。長居する感じでもなく、外に出る。

駅から延びる細い道。これを進めば大学に着くのか。途中の自転車置き場が駅よりも立派だ。

ガードレール付きの広い道に突き当たる。車が通り、民家もあり、それほど秘境でもない。

バス会社の大きな車庫に、バスが数台停まっている。入口脇に、秘境駅前では貴重な飲み物の自販機があり、久々に見る「メッツ」を買う。グビリ、ブッハー（炭酸が戻ってくるゲップの音）。

そして道ばたの道標に「大学2km先」の文字。わざわざこの駅で降り、2km歩いて大学へ行くか？　途中で気持ちが萎え、授業をサボりそうだ。

少し進み国道297号と交差、大量の車そして喧騒。国道を渡った先に大学があるようで、道沿いに蔵造りの立派な建物がある。文化財だろうか？

と思ったら、まさかの「スナック蔵」。しかも車道に面した部分だけが蔵で、後方は普通の家だ。学校帰りにスナックによる大学生、いないだろうなー。

その先の大学まで行く気力もなく、駅に戻る。ほどなく大原行きの列車が来て、乗った。

大原でJR外房線に乗り換え、千葉駅で総武線快速に乗り換え、あっという間に東京の東の歓楽街、錦糸町へ。駅前に大量の居酒屋と、人の群れ。

ゴチャゴチャした駅前で、なんだかホッとした。

アサリ弁当

まっすぐ行けば大学

JR飯田線

個人的に初めて「秘境駅」の存在を知ったのは、今や皇后となった雅子さんご成婚の時、同じ名前の小和田駅がメディアで頻繁に紹介されたのがきっかけだった。全94駅、普通列車で乗り通せば、所要6時間超え！

「元祖」秘境路線の中でも、特に秘境度の高い6駅で降りてみた。

小和田

1日目

豊橋 8時11分⬇**千代** 12時04分／12時52分⬇**田本** 13時10分／13時54分⬇**金野** 14時08分／15時17分⬇**為栗** 15時39分／16時48分⬇**天竜峡** 17時16分

4時間がかりで最初の下車駅へ

早朝の新幹線「ひかり」で東京を出て、8時前に豊橋に着いた。奥羽本線の旅に続き、眠い〜！　秘境駅探訪に早起きは付き物なのだ。

さて豊橋から秘境駅の宝庫、飯田線に乗るわけだが、時間がなくて1泊2日でめぐらなければならない。時刻表をにらみ、下車する6駅を厳選した。

そして下車駅前で食堂や売店は期待できないから弁当を買っておく。豊橋の駅弁売り場へ——おっ、なんだコレ「飯田線秘境駅弁当」即買い！

掛け紙に6つの秘境駅が描かれ、なんと俺が選んだ6駅と同じだ。各駅「秘境駅ランキング」が書かれ、最初に向かう千代駅は38位。

8時11分発の普通・天竜峡行き列車が来る。千代に着くのは12時04分、4時間近い旅だ。

さっそく乗り込むと、車内は学生が多く「秘境」の感じでもない。途中の豊川まで列車は頻発し、ICカードも使えるのだ。

制服姿の女子学生が、ビューラーでまつ毛を挟み顔面整え中。その作業中に列車が動き出し、時おり揺れるが、彼女はビューラー作業を止めない！

揺れる列車の中でまつ毛を挟み、美に命をかける少女。周辺の皮膚まで挟むなよ。整え終わると彼女は、スマホをレロレロといじり始めた。

車窓を豊橋の街景色が流れていく。

飯田線は俺が言うまでもなく、豊橋から長野県の辰野に至る長大な路線だ。豊橋—辰野間は195・7㎞、両端の駅を含め94もの駅がある。

明治期から昭和にかけて全通した飯田線だが、当初は4つの鉄道に分かれていた。豊橋—大海を結ぶ豊川鉄道と、大海—三河川合を結ぶ鳳来寺鉄道、そして三河川合と天竜峡を結ぶ三信鉄道と、天竜峡と辰野を結ぶ伊那電気鉄道。４鉄道は１９４３（昭和18）年に国有化され、国鉄飯田線となった。

今回探訪する6駅は全て、三信鉄道の駅だった。飯田線の秘境駅は、この区間に集中している。

まつ毛女子は変わらずスマホをいじり、別の席ではアニメ好き男子が、アニメを熱く語っている。

豊川でまつ毛女子を含め、客がかなり降りた。駅前にホテル「クラウンヒルズ」がそびえ、ほかに量販店と、賃貸マンションの「エイブル」もある。

そこから先は徐々に緑が深くなり、山が近づいてくる。畑が広がり、民家の庭に柿が実る風景も。アニメ男子はしゃべり続け、時おり「ひーっ」と引き笑い。畑の向こうにホームセンターが見える。

新城駅で10分停車。車内のトイレに行くと洋式で「秘境路線もトイレはキレイだ」と感心する。

再び走り出すが、三河東郷駅で交換のため8分停車。若い父が幼い息子に「線路が1本だけだから、ここでスレ違うんだよ」と教えている。

豊川鉄道と鳳来寺鉄道の結節点、大海駅に着く。住宅街の背後に山。駅前美容室が「東京屋」。

「長篠の戦い」の長篠城駅と本長篠駅を過ぎて、列車は森の奥へ。今回は下車を断念した柿平駅の周辺は森。そして三河川合駅で4分停車、ここから旧・三信鉄道の区間だ。

山、森林、渓谷の隙間を進み、そしてトンネル。特急も停まる東栄駅。山の斜面に家が重なり、駅舎が伝統祭りの鬼の面を模している。

列車が森に突っ込み出馬《いずんま》駅、上市場駅と続き、浦川駅に「浜松市天竜区」の住所表示。だが車窓を森だけが流れ、政令指定都市にいるとは思えない。

早瀬駅。駅前の民家の縁側に、野良着のオバアちゃんがふたり、腰かけて話している。列車は川沿いに進んでいくが、この川は天竜川だろうか。

中部天竜駅で20分停車。ここから天竜峡駅までが、秘境駅の密集区間だ。時刻は11時前だが「秘境駅弁当」を開ける。

五目並べ風に9分割され、オカズとご飯がほぼ交互に詰めてある。シイタケとタケノコの煮物、厚焼き玉子と鶏の野菜巻きとカマボコ、炊き込みご飯、細巻き

左・色とりどりのオカズが並ぶ、飯田線秘境駅弁当！　意外に肉系の料理が多く、食べ応えは十分だが、トイレ事情の乏しい秘境駅探訪だから食べすぎには気をつけたい／上・田本駅出口の階段上から、ホームを俯瞰する。あまりにも崖の途中に駅がある。ホームの細さが、上から見るほどに怖い

為栗駅で降りると、目の前を天竜川が流れているが、幅が広すぎて湖にしか見えない

千代駅の手前で、引き込み線が分かれる。かつては千代始発または終着の列車が、あったのだろうか

トンネルを抜けると田本駅。ホームが細いので、通過列車が来る時は、屋根付き待合スペースに避難したい

と稲荷寿司、鶏のトマト煮、揚げ物とウズラ卵、味噌カツと枝豆、日の丸ご飯、川魚の甘露煮と柿の形の和菓子。いただきます！

ゴチソー様（早っ）。この先の秘境区間で車窓を見つつ食べようかとも思ったが、秘境をじっくり見たいので食べてしまった。列車は出発、秘境に突入！

佐久間駅。山間の住宅地。民話の郷。

相月駅。ここも降りたかったが、今回はスルー。民家があり、洗濯物も干されている。

城西駅、向市場駅。ともに山間の住宅地。

水窪《みさくぼ》駅で4分停車、長いトンネルを抜け大嵐《おおぞれ》駅。

続いて有名な秘境駅、小和田！　ここは明日降りる予定だが、婦人がふたり乗ってくる！　秘境駅探訪仲間が、ほかにもいるようだ。

車窓に緑色の水面が現れる。天竜川だ。明日降りる中井侍駅の周辺に、茶畑が広がる。

やはり降りたかったが断念した伊那小沢駅、そして鶯巣駅。山の裾野に集落。

特急も停まる平岡駅。昔ここから1日2本のバスで『千と千尋の神隠し』の舞台、遠山郷に行き、熊鍋を食べた。肉屋で干支の半分の肉が売られていた（牛、ウサギ、馬、羊、鶏、イノシシ）。

車窓いっぱいに、湖のように天竜川が広がり、為栗駅へ。あとで降りる予定だが、川に吊り橋が架かり、川が周囲の景色を湖のように映している。

特急が停まる温田《ぬくた》駅前は市街で、商店や病院があり、タクシーもいる。温田を出て、再び森の中へ。

森を抜けると田本駅。ここもあとで降りるが、駅が崖の中腹にある！　門島駅、唐笠駅と進み、あとで降りる金野駅を過ぎてようやく、

「次は千代です～」

とアナウンス。豊橋から3時間53分！　秘境駅弁当も胃の中で消化され、俺は千代で降りた。

千代 柿が実る坂道

ホーム沿いに森が茂り、隙間に渓流のせせらぎ。森とホームを仕切るフェンスに、大量の草がからみついている。ただし駅裏に家（小屋？）があり、ラジオが流れ、極限の秘境ではないようだ。

ホームに屋根とベンチ付き待合スペースがあり、竹

ぼうきと駅ノートが置かれている。時刻表を見ると上り豊橋方面が1日10本、下り飯田方面が1日9本、けっして極少ではない。次に乗る列車は12時52分発の上り豊橋行き、48分後。

駅を出て歩く。ラジオの家の庭で、オジさんが作業中。急坂を上る。道沿いの木に柿が成っている。

道は林に挟まれ、途中に短いガードレールがある以外、特に何もない。なんでここに駅が……と思ったら、坂を上った先に集落がある。ここも駅周辺は秘境だが、エリア全体が秘境ではないのだ。

20分が経ち、来た道を折り返す。「秘境といえば飯田線」と思ったら、1駅目はやや拍子抜け。

と油断したら道を間違えた。途中で道が二手に分かれ、細いほうの道に「この先行き止まり」看板が立っているので、太いほうに進んだ。だが途中からガードレールが途切れず、柿の木もない。

慌てて戻り「行き止まり」の道を進むと、短いガードレールがあり、柿の木もある。ラジオの音も聞こえ、ひと安心。「行き止まりだけど駅がある」表示を、ちゃんとしてほしい。

前方から車が来る。この先は行き止まりなのに？と思ったら運転席にラジオの家のオジさんがいて、「ヨッ」と手を挙げて通り過ぎていった。

駅に戻るとラジオがつけっぱなしで、ハマショーの『東京』が流れている。

♪東京、東京、東京〜♪

ここで聴いてもな。ベンチに座り、ふと脇を見ると、毛がフサフサのモスラみたいな蛾がいて、のけぞって驚いた。

スタバでコーヒー飲みたいなー、とか思っていたら、豊橋行き列車が来た。

田本　崖の途中に駅がある

豊橋方面に戻り、さっき素通りした田本で下車。弁当掛け紙ランキング4位！　ベスト5入りの秘境駅だけあって、ホームに降り立つと俺ひとり……。

じゃねーな。ガキいや子どもがいっぱいいる！

「早く乗って！」と叫ぶジャージ兄さんは教師か。小3くらいの暴れざかりがざっと50人！

「早く乗れ、早く！」

思わず乱暴になるお兄さんが、ハラスメントを問われないか心配だが、とにかく子どもたちがワーッと乗って列車は出発した。ふうっ、なんだか。

今度こそひとり——と思ったら、大きなお兄さんがホームの掃除中。とりあえず俺は駅を見る。

圧迫感のある駅だ。ホームは狭くてカーブして、ヨソ見して歩くと線路に転落しそうだ。ホームの背後にほぼ垂直に崖がそびえ、崖はホームと線路を挟んで地の底までつながり、落ちきった先を天竜川が流れている。崖の中腹に無理して作った駅なのだ。

ホームの両端はトンネルで、小幌や塔ノ沢に続きトンネルに挟まれた駅。ただし片側のトンネルは短くて、出口とその先が見える。

反対側の長いほうのトンネルの上に、ホームの端っこから極細未舗装の通路が、途中から急な上り階段となって続いている。上ってみると——。

うわっ、山の中だ。森の奥へ道は続くが、今すぐ熊が出そうだ。道沿いに木の手すりが設置されているが、手すりの向こうはドーンと落ち込む断崖絶壁で、俺は高所恐怖症なので怖い。

闇雲に進んで遭難したくないので、駅に戻った。ちなみにここも滞在時間は44分と短い。意外にサクサク探訪できる飯田線なのである。

屋根付き待合所に行くと、掃除お兄さんが仕事を終えて休憩中。こんにちは〜。

「こういう駅を周られているんですか?」と、慣れた様子でお兄さんが言う。秘境駅目当てで来る人は珍しくないようだ。

「この(短いほうの)トンネルをくぐった先に、家が2軒あります。見に行かれます?」いえでも、そこまでの道がわからないし、2軒の家の人と知り合いでもないし。

「ホームの背後の崖に、自然の岩が突き出ているところがあります。大地震でも崩れなかったので、受験の時に『落ちないから』って受験生が来ますよ」「今は秘境駅人気で、さっきみたいな子どもの団体が来ます。あと学生のグループも」

などなど。お兄さんは飯田線の数駅の整備を請け負い、ここ田本と金野駅は車は使わずに、列車で行くそうだ。

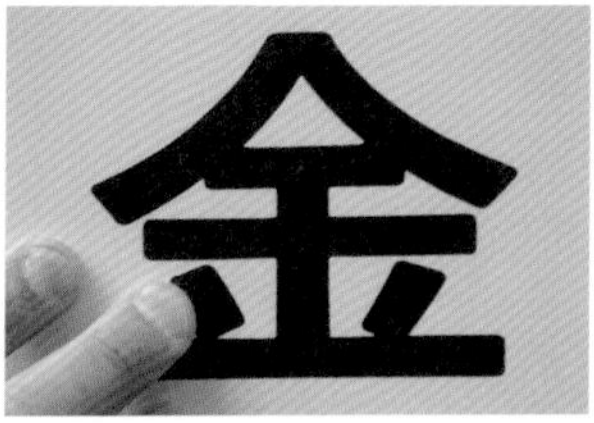

金野駅で一応「金」の字に触ってみたが、その後金運が上昇する気配は全くナシ（涙）。関係ないが、ヘビを見た日に予想外の大金を振り込まれたことがある

金野駅。確かに秘境駅だが、田本駅のように崖の中腹ではないので、安定感を覚える。ホームに沿って咲く花に、心和む

ホームから階段を下りて、金野駅の駅前に出る。草ボウボウの駅前だが、ホームの近くまで車道が通じていて、車で訪ねることも可能なようだ。でも列車で行こう

駅から延びる道が、短い橋を経由して、森の奥へと続いている。10月末に訪ねたので、道は色づいた落ち葉に覆われ、秋の風情を感じさせた

天竜川に架かる橋から、為栗駅を遠望する。飯田線の秘境駅の中では地味な存在だが、背後の森と山に飲み込まれそうで、かなりの秘境ぶり

「ここは落ち葉が凄くて、拾っても拾っても追いつかないですね」

そりゃそうだろう。でも駅を残す以上、整備をしなければいけないのだ。利用者がいなくても。

旅人は気軽に「駅を残せばいいのに」と言うが、そのために人手が必要で、手間も費用もかかる。生活利用者がいなくなった駅を「秘境」と崇め、観光客が来るのはいいことなのだろうか。

お兄さんが「森は歩きましたか？　ヒルはどうですか」と言う。昼メシの話ではなく、森の中に生物のヒル（蛭）が多いそうだ。やっぱり山の中をノコノコと、遠くまで行かなくてよかった。

「次はどこの駅へ？」

「金野に行きます」

「金野駅の〈金〉の字に触ると、金運がつくといわれていますが、JRがつくった話です」あれま。ちなみに千代駅で「千代」に触ると長生きするそうだ。触ればよかった。

岡谷行きの下り列車が来て、乗った。次に整備する駅へ向かうため、お兄さんも乗った。

金野　天竜川の音だけ聞こえる

天竜峡方面に進み、金野駅で降りた。弁当掛け紙ランキングは13位。

こりゃまた周辺は森で、近くに渓谷もあり、川がサラサラ流れる音が聞こえる。殺風景な駅と思ったらホームに花壇があり、花が咲き乱れている。

周囲が山なので、午後2時過ぎに太陽が、山の向こうに隠れていく。山間部は一日の終わりが早い。

まず「金」の字に一応触る。何だかね俺も。

ホーム端っこから短い階段を下り、駅前に出る。道が左右に延びているが、右側は雑草に覆われ、その先に行けそうにない。左に延びる道は車も通れそうな舗装道なので、左へ進む。

道沿いに竹林が茂る以外、特に何もない——俺は今夜、飯田に泊まる。飯田は焼肉の街だ。突然焼肉のことを考えながら、淡々と進む。

落ち葉に覆われた道に、轍（わだち）が2本残っている。誰か車で通ったようだ。とにかく渓流の、ゴーッという音しか聞こえない。

と思ったら下のほうから出し抜けに——女の声？

「この先に滝があります！」と、録音アナウンスの声が聞こえる。天竜川を通る観光船のようだが、木が茂りすぎて川も船も見えない。

その先も延々と、林間の道が続く。そして金野での滞在時間は49分、適当に引き返し、駅に戻った。

予想と違うな、飯田線。

確かに駅のロケーションは秘境だが、列車がすぐ来るので「ここで降りて、どーしろってんだ！」と途方に暮れる感じではない。

「じゃあ1時間後に迎えに行きますから」

みたいな、無人島ツアーっぽいのだ。

人里から離れ、森に覆われていれば秘境とも限らない。不思議だな。

為栗 天竜川に吊り橋

豊橋方面にまた戻り、為栗駅で降りた。行ったり来たりスゴロクのようだ。そして「ためぐり」ではなく「してぐり」である。

降りたのは俺ひとりだが、ホームに釣り人がふたりいる。入れ替わりに乗るのかな、と思ったら乗らない。頭を下げ「こんにちは」と言ってみたが、シカトして立ち去った。

不審だ。秘境だからと、旅情に浸ってばかりもいられない。用心が必要だ。

さて為栗駅。ホームは狭くてカーブ、ホーム脇に草が茂り、駅名標が覆われてしまいそうだ。

——慣れたな、この感じ。とりあえず駅前は天竜川で、大きな吊り橋が架かっている。

うっ、線路の向こうにお墓が！　だが途中に踏み切りはなく、どうやって墓参りするのだろうか。とにかく日没後に、この駅で列車を待つのは怖い。

そしてホーム脇に「和知野川周辺観光案内板」が立ち、キャンプ場と食事処「ふるさと味覚小屋」が案内されている。キャンプ場にバンガローがあり、味覚小屋では五平餅やヤマメの塩焼きを食べられるとのこと。ただし駅からの距離の記載はなく、看板が古いので、施設が今もあるのかは不明だ。

吊り橋に向かう。天竜川が周囲の緑と空を、鏡のように映し美しい。——ガタンゴトン、次の列車が来た？

と焦ったが、通過したのは臨時列車。客がいっぱい乗っていて、ひとりウロつく俺を「コイツは何者?」と言いたげに見ていた。

橋のたもとに着く。渡った先は緑に覆われ、道は森の奥へと続いている。手元の地図によれば、その先に「楽園ふれあい広場」があるはずだが――。

楽園がある感じでもないので、渡らなかった。すでに頭の中は100%、飯田の焼肉のことを考えていたとは、口が裂けても言えない。そして日没を待たず、山の向こうに日が沈み、薄暗くなる。

ここでゲホンゲホン！　と思いっきりクシャミをしたら、周囲の山々にコダマして四方八方からゲホンゲホンと帰ってくる。「秘境だなあ」と思っていたら、列車が来たので乗った。

1日4駅探訪は多かったかも。確かに飯田線は秘境駅の宝庫だが、もはや「森に覆われてポツンと佇む小さな駅」には驚かない。

ちなみに和知野川のキャンプ場は現役で、カフェや売店もある様子。キャンプ場は為栗駅から徒歩20分とのこと。

とにかく街が恋しい。飯田に着き、予約したホテルに荷物を置くと、焼肉を求めて街へ繰り出した。

2日目

飯田 7時05分➡**中井侍** 8時40分／10時06分➡**小和田** 10時11分／11時17分➡**天竜峡** 12時07分

飯田駅、早朝7時前。天気は霧。

こんなに霧が濃くて、列車は定刻に出るのだろうか。とりあえず構内に「急行秘境駅号」の手描きポスターが貼られている。今回降りる6駅を含め、飯田線の代表的な秘境駅に停まる急行が、観光列車として運行しているのだ。

列車は霧で遅れることもなく、定刻に出発した。途中の無人駅で誰かが乗降するたび、車掌お兄さんが切符回収と販売のため、車内を走り回る。大変だが、アナログな感じが良い。

途中の駅で少しずつ客が降り、天竜峡に着くと客は

左・中井侍駅のホーム脇に延びる、謎の階段。「危険ですから通行しないでください」と看板に書いてあるが、ではなぜ階段があるのか？／右・中井侍駅の「駅前通り」は、もはや完全に山道のレベル。道沿いの草むらで、常にガサゴソと音がしていた

中井侍駅に置かれていた収納ケースに、怒りに満ちた「盗むな」の3文字。何度も書くが、盗んでどうする？

左・中井侍駅前に立っていた、駐車ご遠慮看板。本当にどうでもいいけど、行替えの字切りが悪いかも。うるさいね俺／上・中井侍駅ホームのすぐ下を、エメラルド色の天竜川が流れる／右・飯田駅にあった「秘境駅号」のボード

中井侍駅はホームの両端に出口があり、その1本はホームの途中から、坂道になって分かれている

中井侍駅も、トンネルの出入口が近い。崖が迫ってホームは狭く、田本駅と似ている

俺ひとりになった。そしてここから秘境区間。

普通列車なのに、金野と田本と為栗をすっ飛ばして列車は南へ。本日の第一下車駅は、中井侍駅だ。

秘境弁当が売られ「秘境駅号」も走る飯田線。だが「秘境」を自認して、どこを目指すのか。

路線の中軸である飯田駅前は、閑散としていた。「焼肉の街」というほど焼肉屋はなくて、適当に入った店も「また行きたい」とは思えなかった。

「急行」秘境駅号――。急行で効率よく秘境駅を訪ね、スマホで撮影して、ハイ次へ。それで秘境の醍醐味は感じられるのか。

それが、秘境駅が生きていく道なのか。本来の秘境駅と、何か違う気もする。

8時過ぎ、車窓を流れる山の上に、ようやく太陽が顔を出す。日射しが車内に降り注ぐ。

「次は〜中井侍ですー」

車掌お兄さんに切符を渡して降りた。「ドア閉まります」「発車します」とお兄さんは声を張るが、俺が降りると、もう客はいない。それでも「ドア閉まります」と言うのだろうか。

中井侍 駅は確かに秘境だけど……

こりゃまた狭くて、カーブするホーム。田本駅と同様に崖の中腹にあり、線路の向こう眼下遥かを、エメラルドグリーンの天竜川が流れている。

とりあえずホームにユズの木が生え、鮮やかな実がたくさん成っている。もうすぐ鍋の季節だ。

ホーム中ほどの待合スペースに、収納ケースに入った駅ノートが置かれ、ケースに大きく「盗むな」と書かれている。駅ノートというものを、盗んで手元に置きたい心理がわからない。

間違いなく秘境駅だが、駅の後方の高いところに家が1軒あり、庭を掃く音がする。そして線路の向こうの木陰に椅子とテーブルが置かれ、茶店風。斜面に茶畑があり、本当に茶店かもしれないが、そこに行くために線路を渡る踏切は見当たらない。

駅から延びる上り坂を進んでみる。道は細く、森の中へ続き、熊が出そうだ。途中に丸太小屋と、崩れかけたトタン小屋はあるが、人影はない。

道が上り坂と平坦な道に分かれ、上り坂を進む。すると……アパート風の建物と民家が並び、集落がある。洗濯物が干され、人が生活している様子だ。

これまた駅は秘境だが、徒歩10分足らずの場所に集落があり、だから駅があるのだ。ホッとしたけど「なーんだ」と拍子抜けした気分にもなり、それ以上は進まず引き返した。

木々の隙間に駅のホームが見えて、駅が崖の中腹にあるのが改めてよくわかり「よくもここに駅を作ったな」と思った。人が住むから鉄道を敷き、駅を作る。ただし駅は難儀な崖の中腹に、作らざるを得なかった。そういうことだろうか。

木々の隙間に見えるエメラルドグリーンの天竜川と、河畔の紅葉が素晴らしく美しかった。

小和田 恋がかなう？ 秘境駅事始め

中部天竜方面に1駅進み、小和田で降りた。駅弁掛け紙ランキングは2位！ 秘境駅ブームの火付け役ともなった駅だ。

ホームは意外にも2面あるが、片側1面しか使われていない様子だ。そしてホームを挟み片側に緑の山、片側に天竜川、降り立ったのは俺ひとり！

だが天竜川に作業船が係留していて、作業員の姿も見え、そんなに寂しくない。駅名標の脇に木の看板が立ち「恋成就駅 小和田駅」と刻まれている。

ホームの端と通路でつながり、意外に整った駅舎がある。エンジ色の三角屋根、外に面した水道に乾いたバケツが置かれている。

改札跡を抜けて待合室へ。出入口に手書きの「いらっしゃいませ」看板と「慶祝 花嫁号」「小和田発ラブストーリー」の文字が躍る看板も。「小和田―みさくぼ」の表示もあり（2駅隣は水窪駅）かつてこの区間を「花嫁号」が走ったようだ。

待合室には昔の職員室風事務机があり「思い出ノート保管箱」が置かれている。ほかに鉛筆を差したペン立て、液晶デジタル時計も。

そして壁を埋めつくす、大量の結婚写真と色紙。新郎新婦は平安装束に身を包み、浩宮さん×雅子さんを真似た、一般人の結婚式の風景らしい。

窓付きの広い部屋があり、駅員がいた痕跡がうかが

飯田線探訪のラスト、小和田駅に降り立つ。今は使っていないホームの跡に、かつてのにぎわいを想像する

上・小和田駅に残る「花嫁号」のマーク。駅で結婚したカップルは、今もお幸せだろうか／右・小和田駅の、赤い屋根の立派な駅舎

左・小和田駅前に立つ「三県境界駅」の碑。駅の所在地は静岡県浜松市／右・背もたれに大きく「愛」と書かれたベンチ。疲れていたが、座らなかった。俺が座ってどーする

小和田駅前に延びる階段の道。この道を下りて、河畔の道を1時間進んだ先に塩沢集落があるそうだが、歩いて通うには難儀な道だ

小和田駅前に延びる坂道を下り、途中で振り返って駅舎を見ると、山小屋のように見える。山を登ってやっとたどり着いた、そんな温かさを感じさせる駅だ

秘境駅最中。個人的に甘いものが大好きなので、もうちょい大きいとうれしいかな

天竜峡駅前から改めて、天竜峡を見下ろす。この川に沿って、秘境駅を探訪したのだと思うほどに、感慨もひとしお

える。とにかくここは「それなりの」駅だったのだ。それが今や秘境駅の代名詞となっている――。

外に出ると、駅前に「三県境界駅」の碑が立っている。ここは静岡県、愛知県、長野県の境界にあるのだ。そして山歩き用の杖が数本と、ズタボロに朽ち果てたミニバイクが1台。

狭い坂道を下った先に、あずまやがある。ベンチが置かれ、背もたれに大きく「愛」の文字。「お二人の幸せを呼ぶ椅子」とも書いてある。

さらに下ると、道は途中から階段になり、とにかく何かと整備されている。便利だが、秘境駅2位にしては「人の手が加わった」駅だなとも思う。坂の途中にリスが描かれた看板が立ち「たき火、たばこ注意」の文字。確かにウッカリ火を焚いて、木造の駅舎に燃え移ったら大変だ。

家がある？　家というには大きい木造の建物は、何かの施設？　中を覗くと、人の気配はない。

簡素な立て看板に「塩沢まで1時間」の手書き文字。1時間歩けば集落があるのだ。そして矢印が示す先に、人ひとりが通れるだけの小道が延び、森の中へと続いている。

少し進むと、天竜川の河畔に出た。ようやく天竜川を間近で見た。

飽きない駅だが、もはや観光地だなと思った。

駅に戻り、駅ノートの表紙に貼られた注意書きに、目が留まった。

「鉄道ファンの方へ切なるお願い」

――鉄道ファンによる傍若無人な振る舞い、犯罪行為が社会問題化しています。

駅を汚す、破壊、物品を盗む、ゴミを捨てる、立ちション、野グソ。

駅に宿泊、大声で騒ぐ、泥酔してゲロを吐く、ものを燃やす、線路へ立ち入る。

樹木を勝手に伐採する、違法駐車、長時間のアイドリング。

淫らな行為、盗撮、恫喝、暴力――。

わざわざ秘境駅まで来て、狼藉を働く者たちは、いったい何者なのか。

インスタ映えに動画撮影、拡散による大量の「いいね」獲得。そんなことのために秘境駅まで来て、迷惑をまき散らして帰っていく不届き者がいる。

　駅を残す以上は、そんな輩の存在も念頭に置き、整備しなければいけない。そのために費用がかさみ手間もかかる。

　何度も感じる。生活利用者がいなくなった駅を残しておくことは、本当に正解なのだろうか。

　天竜峡行き普通列車が来たので、乗った。


　山に分け入り、森の隙間を縫って走る飯田線。今回降りた6駅は確かに秘境にあったが、基本は「そこに集落があるから」造られた駅だ。どの駅前でも人の気配や痕跡を感じた。

　小和田駅の近くにも、かつて小和田集落があったそうだ。そして1993年、今の令和天皇ご成婚の時に有名になり、恋愛成就にあやかろうとする人々が多く訪れた。そして一組が、結婚式を挙げた。

　4本の鉄道がつながり、1本の長大な路線となった飯田線。その最後の開通区間は、小和田駅と隣の大嵐駅の間だったそうである。

　天竜峡駅で降り、折り返し普通豊橋行きを待つ。あとは東京に帰るだけだ。

　待ち時間に駅前売店で「秘境駅最中」を買う。皮とアンコが別々で、汽車型の皮に自分でアンコを挟み、パリパリ感を楽しむ一品だ。

　店の片隅に置かれた、秘境駅のスケッチが描かれた絵ハガキも、見つけて買った。7枚入り。レジに持っていくと店のご主人が「よく見つけたね」と言って、少し笑った。

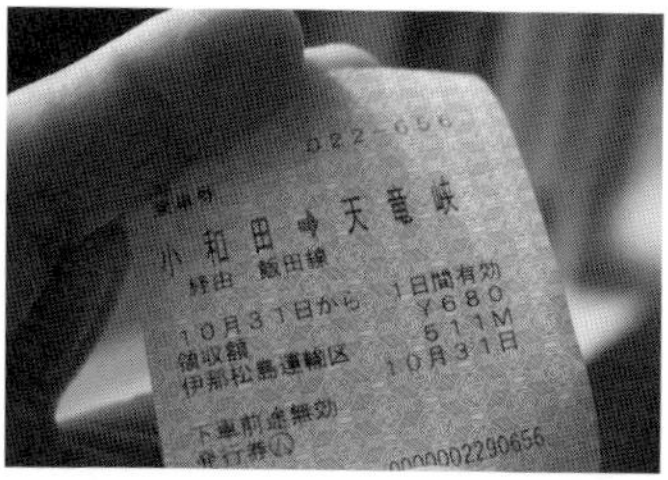

車内で買った切符

天竜峡駅

P 芸備線
Geibi Line
2 のりば Track No. 三次 方面(一部、3番のりば)
for Miyoshi
3 のりば Track No. 東城・新見 方面
for Tōjō,Niimi
3
三次
ワンマン
JR 備後落合
びんごおちあい Bingo-Ochiai
← どうごやま
Dōgoyama

JR芸備線

中国地方に「秘境」のイメージは薄いかもしれないが、内陸部の中国山地周辺の秘境度はかなりのもので、今回は芸備線を選んでみた。鉄道好きの間では「秘境ターミナル駅」として有名な、備後落合駅前で遭遇した意外すぎる物件とは？　歩いたからこそ見つけた蔵出しスポットに、乞うご期待。

1日目

新見 13時02分➡内名 13時58分／15時06分➡新見 16時01分

　秘境駅めぐりも西日本に突入だが、だんだんパターンが読めてきた。駅は山のふもとや森の隙間にあり、両端にトンネルがあり、または原野にポツンとある。渓流のせせらぎ、小さな駅舎に旅人ノート。

　駅があるのは近くに集落があったから、または信号場が国鉄民営化で駅に昇格したから。秘境駅を観光資源とする動きもある。だいたいそんな感じか。

　とにかく中国地方代表、芸備線の旅である。そして新見を拠点に3駅を探訪しようと思ったら、新見の宿が埋まっていて取れなかった。またも例のなんちゃら旅行支援のせい？　新見発5時17分の列車で、早朝から秘境駅に行きたかったのに。

　ちなみに5時17分の次は7時04分だが途中の東城止まりで、目指す秘境駅には行けない。その次の列車はなんと、6時間後の13時02分！　なんでこんなに時間が空くのか？

　結局、岡山を拠点に1日1駅ずつ、3日がかりで3駅を周ることにした。岡山―新見は特急で往復し、秘境3駅の滞在時間は1時間前後。秘境駅はとにかく、行くだけで大変なのだ。

新見で昼メシ

　岡山から特急「やくも」に乗り、新見で降りた。新見は伯備線の駅で、2駅先の備中神代駅からが芸備線だが、芸備線の列車は基本的に新見発着だ。

　新見に12時07分着、芸備線の備後落合駅行きは13時02分発、55分の間に昼メシを食べよう。駅前アーケード商店街に昭和の香り漂う食堂を発見、暖簾に「和洋食、備中そば」の文字。

　もちろん備中そば、じゃなくてオムライスを選ぶ俺(洋食大好き)。今日から3日間、同じ時間にこの駅で降りるので、そばはその間に食べればいい。

　店内は地元の高齢者が多く、皆さんそばをすすっている。隣のオジさんが地酒「三光」の冷酒をグビリ。俺も飲みたい——ダメだ。酔って降りる駅を間違えたら、1日がパーになる。すぐ次が来る都会の列車とは違うのだ。

初老のご主人が慣れた手つきで、オムライスをチャチャッと料理している。配膳も精算もひとりでやって大変そうだが、手際の良さに感じる匠の技。

「オムライスお待たせ〜」

おおっ、完璧なオムライスだ！　ケチャップライスを包む玉子にはシワ1本なく、見事な木の葉型に仕上がり、帯状にかかったケチャップも美しい。

美味かった。明日はここで、そばを食べよう。満ち足りた気分で駅に戻り、芸備線のホームへ。

再びおおっ！　島式ホームを挟み片側に芸備線の備後落合行き、反対側に姫新線の津山行きが停まっている。1日6本の芸備線と、8本の姫新線がツーショット！　姫新線が先に発車するのを見届けて、俺は芸備線の列車に乗った。

6時間ぶりの列車は客が多く、座席はほどよく埋まっている。高齢者に制服姿の学生、スーツ姿のビジネスマンも。その後も客は乗ってきて、席は埋まってしまった。本数を増やせよ芸備線。

「お待たせしました、まもなく発車します」

6時間ぶりの列車は、ゆっくり動き出した。まずは第一下車駅・内名まで56分の列車旅だ。

列車は進み、トンネルを抜けると布原駅、ここも時間が合えば降りたかった。周辺は森だが家が数軒あり、ホームが大量の落ち葉に埋まりそう。

跨線橋つきの備中神代駅で伯備線と分かれ、ここから芸備線だ。市岡駅ホームに面した民家の軒下に干し柿がズラリ。赤い屋根に格子塀の矢神駅。

野馳《のち》駅周辺は家が多い。木造駅舎に風格が漂い、昔は栄えていたのだろうか。

中核駅の東城駅前は市街が整い、2階建て集合住宅にドラッグストア、書店に居酒屋に病院もある。乗客の半分が降りる。

しかし東城を出ると街は途切れ、列車はエンジンを吹かし、斜面を上っていく。森に突入し、枯れ枝が窓をこする音がキーキーと響く。自転車並みの遅いスピードで、列車は進む。

備後八幡駅の周辺は、山間だけど集落がある。そし

内名駅から歩いてすぐ、八雲神社はイチョウの名所で、秋はひときわ美しい

新見で食べた完璧なオムライス。ほかのお客がほぼ全員「備中そば」を注文する中で、手際よく作っていただいた

落ち葉が舞い散る内名駅ホーム。だが線路を挟んで家や畑があるので、寂しさは感じなかった

ベンチの背もたれ部分に、大きな掲示板があり、いろいろ貼られている。旅人を歓迎する雰囲気が良い

一応トイレあり。極限ギリギリの状態になったら飛び込むかも。秘境駅にトイレがあるのは、とりあえずありがたい

て「次は内名〜」とアナウンスが流れ、列車は森に挟まれたカーブを、徒歩並みのスピードで進んでいく。エンジンの音が、大きくゴゴゴと響く。

森を抜け、また森の中へ——何度か繰り返した末に、内名駅に着いた。

内名 犬の声がこだまする

森に囲まれ、その向こうに山が連なり、確かに秘境だ。でも線路を挟んだ対面に家と畑があり、家の窓から犬が顔を出し、俺を珍しそうに見ている。

ホームを落ち葉が埋め尽くし、風が吹くと舞い上がる。大木に柿が成り、入るには勇気が必要な古い「便所」があり、入口に開業60周年記念植樹。

待合室の壁は、貼り物でいっぱい。黒板にチョークで「ようこそ内名駅へ」の文字、額縁に納めた地蔵様からのメッセージは「よう来てくれんさったのう」。「田森ものがたり」と題したイラストマップの中で「ぽつんと佇む、知る人ぞ知る小さな無人駅です」と、内名駅が紹介されている。

昭和30年の朝日新聞に、内名駅開業を伝える小さな記事。でも隣の「小学生2人水死」「福山のピストル強盗に懲役12年」の記事のほうが気になる。

そして「非公式名所案内」も。竹森八雲神社へ徒歩5分。ほかに事故死した牛の供養と、牛馬の安全を祈願する馬頭観音像もあるそうだ。さらにラムちゃんの絵も飾られ「ウチな」の台詞付き。

昔の芸備線の時刻表も貼られ、列車本数が多い。だが今や東城—備後落合駅間は1日3往復だけ。

駅を出て、落ち葉に覆われた駅前の坂道を、滑らないように下る。自転車置き場があり、自転車が1台と、傘が1本。

小さな内名橋を渡ると、山のふもとに集落が見える。住む人がいるから、駅がある。

集会所の庭に「ふるさと内名の碑」が立ち、内名の沿革が書かれている。1935(昭和10)年に芸備線の東城—小奴可間が開通したが、そのとき内名駅はまだなかった。

戦後の1947(昭和22)年に内名地区に電灯がつき、そして1955(昭和30)年に内名駅が開設される。「内名駅建設期成同盟会」があり、駅を開設する運動が行われていたようだ。

集落を抜けた先に、八雲神社の鳥居。境内に大イチョウがそびえ、落ち葉が地面を覆い尽くし、一面の黄金色。社殿の屋根も葉に覆われ、秋の色だ。

イチョウの絨毯の上に、しばし佇む。落ち葉を踏むたびサク、サクと音が響く。静かだ——。


駅に戻るとジーッと雑音混じりの放送が流れる。

「次の東城、新見方面行き15時06分の列車は、ワンマン列車です」

その声が流れた途端、線路の向こうの家の犬が、大きな声で吠え始めた！　吠え声が周囲の山々にこだまして、いくつも重なり跳ね返ってくる。

列車到着5分前、幼い姉弟を連れて、若いパパが来た。列車に乗るのかな？　と思ったら、見に来ただけらしく、しかも弟が「もう帰るー」とダダをこねる。これから貴重な列車が来るのに。

「せっかくだから見ていこう」とパパが言い、弟は小さく「うん」とうなずいた。地元はそんな感じ。そして列車が来ると、犬がもう1回大きく吠えた。

2日目

新見 13時02分⬇**道後山** 14時13分／14時52分⬇**新見** 16時01分

道後山 駅前に整骨院があった？

2日目は内名の2駅先の道後山へ。滞在時間は39分。初日と同じく岡山から1日がかりで向かった。

新見の同じ店で昼メシ、満を持して備中そば！　タマネギ、ニンジン、ネギ、油揚げと鶏肉も入っているが「備中そば」に特別な定義はないらしい。

隣に地元らしいオバアちゃんが座り「いつものアレ」とご注文。出てきたのはミニサイズの親子丼と味噌汁。相席で座ったオジさんが「ご馳走だな」と言って、ニヤリと笑った。

13時02分発の普通・備後落合行きは、前日に続き混んでいる。駅弁を開けるオジさん——おっ、三原のタコめし！　三原で買って、ここまで食べずに我慢していたのだろうか。

列車が動き出し、オジさんがタコめしを食べ始める。この日は内名で、高齢のご夫婦が1組降りた。トンネル、田んぼ、森、またトンネルを抜け小奴可《おぬか》駅へ。周辺は整った住宅地で、郵便局もある。

列車は進む。車窓にヤギがいっぱいいて驚いていると、道後山駅に着いた。

ホームに「やっぱり芸備線がええよのぉ！」と書かれた横断幕が張られ、三角屋根の立派な駅舎がある。周辺に山が連なるが、家もけっこうある。それほど秘境でもない。

ただし……寒い！　ホームに立つ木の標識に「標高六一一メートル」の表記。駅の住所も書かれ「庄原市西城町高尾」。

駅舎に消防車が格納されているが、火事の時はここから出動するのか。そして改札の跡に「国鉄ご利用ありがとうございます」と書かれた、古い看板が残っている。チョコンとお辞儀する駅員さんの絵。

待合室の壁に駅や列車の写真ほか、貼り物いろいろ。文字が消えかかった駅名標と「清酒菊文明」の広告。そして「明治終りの頃の高尾・植木の図」に「たたら産業」の図解が描かれている。

たたら産業は伝統的製鉄法で、山や川や海から取れる砂鉄を木炭の火力で製錬し、鉄にした。製錬時に生まれる不純物「かなくそ」の説明もある。

駅ノートの表紙に「御来訪ご苦労さまでした」と書かれていて、丁寧だ。ベンチに置かれた座布団は手編みの毛糸カバー付き。駅前にログ造りのトイレもあり、至れり尽くせりの駅である。

そして駅前に家が数軒並ぶが、人の気配はない。1軒に、文字が消えかかった「ほねつぎ」看板。

家々の向こうに紅葉の山がそびえ、絶景だ。だが駅前に工事案内看板が立ち「新しい道路を作っています」とのこと。道後山駅に停まる列車は、上下とも1日3本ずつ。やむを得ないのかな……。

少し離れた場所に瓦屋根の建物が立ち「セミナーハウス」の看板、学校の施設らしい。入口に石碑が立ち「昭和十一年」の日付が刻まれている。

「三新鉄道敷設に際し、本村は道後山駅設置の必要を感じ～請願し遂に開業～」三新鉄道？　そして内名駅

道後山駅。整った駅舎があり秘境感は薄いが「標高の高さ」は秘境かも。昔は駅の近くにスキー場があったそうだ

道後山駅の駅舎は、駅前側から見ると簡素な印象。入口にポストが立ち、郵便投函可能

駅前に家は数軒あるが、人の姿は見なかった。「ほねつぎ」の看板が残る

道後山駅の待合室。きちんと整理が行き届いていて、縦横整然と写真が貼られている様子が心地よい

新見で食べた備中そばは、肉と野菜がたっぷり入っていて、バランスのよい一品だ。秘境駅めぐり前の腹ごしらえに、ちょうどいい

右・道後山駅での滞在は40分弱で、新見にトンボ帰り／右下・道後山駅に残る、使われていないホーム

絵はがきが何枚も置かれ「ご自由にお持ちください」のメッセージ付き。ありがたく写真のものとイラストのものを、1枚ずついただいた。鉄道が好きな友達に、暑中見舞いでも出そうかな

と同じく、ここでも駅開業を望み、尽力した人がいた。駅を使わなければ、もったいない。

ここで周辺に、録音アナウンスが響く。

「東城、新見方面の列車は14時52分です」

滞在たった40分、道後山駅探訪は、あっという間に終わってしまった。

3日目

新見 13時02分➡**備後落合** 14時27分／17時15分➡**三次** 18時35分

雨に行く手を阻まれる

3日連続で、岡山から同じ時間の特急「八雲」で新見入り。ただし最終日の今日は岡山に戻らず三次へ行き、明日は広島経由で東京に戻る予定だ。

そして落合で「おでんうどん」を食べたいので、新見での昼メシは我慢した。これから向かう備後落合駅のホームに、昔は立ち食いそば屋があり「おでんうどん」が名物だった。それを駅に近い食堂で食べられるのである。

落合駅到着は14時27分、食堂に行けるのは15時ごろか。腹が減りそうだが、旅に我慢は付き物だ。

というわけで、3日連続で新見13時02分発の普通・備後落合行きに乗った。道後山駅まで昨日と同じ――と思ったら雨が降り出し、備後八幡駅を出て内名駅に向かう途中、スピードが段々遅くなる。

確かに上り区間だが、雨は小降りなのに？　でもついに歩く程度の速度になり、止まってしまった！

「スリップして上がらんのですよ」

近くの席にいたオジさんが、苦笑いして言う。

「雨だからねー」「これくらいの雨で、止まりますか？」

「ここは傾斜がキツいから」

オジさんは笑っているが、このまま動かなかったら、どうするのか？　窓の外は熊が出そうな森。車もここまで来られないだろうし、降りたところで、どうにもならない。

それでも列車は、ゆっくりと動き出した。キーッと車輪が滑る音がして、その都度エンジンをゴゴと吹かして、頑張って上る。

ようやく家が数軒見えてきて、14分遅れで内名に着いた。ここで若い運転士が運転席から出てくる。

「少々お待ちください。空転して上らないんです」

そう言ってトイレへ。初日に見た駅前の家の犬も待ちくたびれて引っ込んだ様子。運転士のトイレタイムを足して、17分遅れで列車は出発した。

ここから列車はスピードを上げて、問題なく小奴可と道後山に着き、17分遅れのまま14時44分、終点の備後落合駅に着いた。

備後落合 3路線が「落ち合う」駅

列車は数分停車して、新見に向けて折り返す。そして同じホームの反対側に三次行き列車が停まっていて、足早に乗り換える客が数人。さらに少し離れた別のホームに木次線の列車が来て、そちらに乗り換える人もいる。

本数が少ない辺境3路線の列車が、奇跡のスリーショット！ その様子を見に来た観光客で、駅はにぎわっている。だが3列車が次々に発車すると、集まった人たちもいなくなり、俺だけが残った。次の三次行きまで時間があるので、駅をゆっくり見る。

顔ハメボードに「落ち合う駅」の文字。待合室に入ると、ベンチに手編みの毛糸の座布団。

そして待合室の壁を貼り物が埋め尽くし、博物館のようだ。まず写真パネルの数々。煙を吐いて走るSLのモノクロ写真、雪の中で鉄橋をわたる列車。

タオルも貼られ「人が出逢う、思い出が合う」「備後落ち合う駅」の文字。周辺の住所が「落合」ではなく、3路線が「落ち合う」から「落合駅」なのだ。

そして1971（昭和46）年の「駐泊所」のモノクロ写真。落合駅はターミナル駅であり、常時数両の蒸気機関車が待機していた。

全国の「落合駅」の写真パネル。根室本線、仙山線の「陸前落合駅」、姫新線の「美作落合駅」。

新聞記事いろいろ。「乗客ほぼ鉄道ファン」「1日3往復の区間も」「無人駅に3路線合流」。

昔の列車のボード「三好⇕広島」「おろち指定席」。そして「ようこそ、人と人を繋ぐ、落ち合う駅へ」と書かれた横断幕と、さらに短歌も詠まれている。

夕闇に包まれる、備後落合駅の2番3番ホーム。新見行き列車が、客を待つ

備後落合駅近くを通る、芸備線の鉄橋。柵がなく、列車が落ちてきそう?

外観は意外に素っ気ない、備後落合駅の駅舎

まさかのアダルトショップは、おでんうどん食堂の隣

無事にありつけた、おでんうどん。駅で急ぎの昼メシといえば、そばかうどん、そんな時代も遠くなっていくのだろうか

「辿り来て　山峡の駅　立ち降れば　人影もなく　小鳥啼くのみ」。

国道沿いに「まさかのアレ」

うどんを目指し、外に出る。坂道を下り、小川に架かる小橋をわたり、国道へ。坂道沿いに家が数軒あるが、住人はいるのだろうか。

小川は「小鳥原（ひととばら）川」で、橋の名は「駅前橋」。そして国道に着くと、古いけど立派な2階建ての家も立っている。

国道を進む。途中に三井野原スキー場と県民の森と、比婆いざなみ街道の案内。その先に——。

意外なものがある。木造&トタン屋根の小屋に、まさかの「DVD・ビデオ・グッズ・本」の看板が！

細く目立たない入口から中に入ると、自販機が並び、DVDがズラリ！　4P寝取られザ●メンたっぷり生中出し近親相姦エロすぎてガマンできないロリ凌辱すぐイカせる淫らで卑猥な浮気妻ドすけべ主婦淫汁ダダ漏れ肉欲の限り行きずり不倫性交！

目が腐りそうな商品ラインナップに、秘境駅の真実を見た思い。人は旅情やノスタルジーだけでは生きていけない。エロが必要なのだ！

目指す食堂は、隣で営業中。席に座り、フリースを脱いでTシャツ姿になると、店のお母さんが「アラ半そで？」と言って笑った。

おでんうどんを注文しつつ、メニューを見る。うどんはほかに肉、月見、きつね、カレー、ざるそばと焼きそばも。定食は焼肉、ホルモン、ハンバーグにショウガ焼き。そしてカツ丼にホタテ丼、牛スジ丼に親子丼、他人丼も。

さらにカレーライス、うな重、ごはん、むすび。おむすびじゃなくて「むすび」って！　しかもごはんが170円で「むすび」は120円、握る手間がかかるのに、おにぎりのほうが安い。ちなみにおでんうどんを食べられるのは、9月から5月まで。

「お待たせ〜」来た！　うどんの上に串刺しの牛スジとゆで卵、ガンモとカマボコ。おでんだ！

ふうふう、ズルズルズル。はーっ、あったまる。

備後落合駅は山間にあり、冬は豪雪に包まれる。

熱々のうどんは、からだが冷えきった旅人に、何よりのご馳走だったに違いない。

汁まで飲み干して、ゴチソー様でした。外に出たタイミングでDVD小屋の前にトラックが停まり、若い運転手が降りて、中に入っていった。にゃはっ。


駅に戻ると、1時間後に出る三次行き列車が、もうホームに停まっている。車内に荷物を置いて、再び駅周辺や待合室を探索する。

スタンプが2個、急行「ちどり」の絵柄と「落ち合う駅へ」のコピーの2種類。そのスタンプが……チェーンで南京錠につながれている。盗難防止のため？　盗んでどうする！

木次線の列車が来て、降りた数人が三次行き列車に乗り換え。本数極少の列車同士が、うまい具合に連絡しているのだ。ダイヤを組んだ人は偉い。

俺を含む数人を乗せて、列車は動き出した。ここで近くの席に座ったオジさんが、俺のもとに来る。

「さっき新見発の落合行きに乗っていましたね？」

あーっ「スリップして上がらんのです」オジさんだ。落合から木次線に乗り継ぎ、途中の駅でそばを買い、戻ってきたそうだ。

「アナタはずっと落合に？」

「おでんうどんを食べてきました」

するとオジさんは「私は昔、ホームで食べましたよ」と、うれしそうに話し始めた。

「昔はにぎわっていました」

オジさんは福山在住で、この日は福山―新見―落合―木次―落合と周り、これから三次と府中経由で福山に戻るという。1日がかりの壮大な旅だ。

「昭和30年ごろかな、私は高校生でした。友達と道後山に上って、落合に下りて、もう腹が減って。そしたらホームに、うどん屋があるじゃないですか」

「当時の落合駅は、うどん屋があるくらいだから、にぎわっていました。ものすごい人でねえ」

「昔は福山や三原から出雲に詣でる時、落合経由で木次線で行きました。路線がすごい上りで、三連の蒸気機関車で登ったなあ」

「もう東城―落合間は1日10人も乗りません。今日も新見から地元の人は、乗っとらんかった」

「いつまでもつのかなあ、この路線も。地元は冷めています。鉄道ファンのために、経費をかけて維持する意味がわからないって」

ひとしきり話して「ゴメンね、お邪魔して」と言い、オジさんは自分の席に戻った。そしてズズズッと、そばをすする音——その音が途切れ、オジさんの席を見ると、スヤスヤと眠っていた。1日がかりの鉄道旅で、お疲れになったのだろう。


安芸と備後を結ぶから、芸備線。その備中神代—備後落合間は「国鉄三神線」(道後山駅前の石碑では「三新線」)として全通した。

駅の周辺に、かつては店が何軒もあり、国道沿いの建物は旅館だったそうだ。

蒸気機関車のターミナル駅として、一時は100人以上の鉄道マンが落合駅で働いていた。だが列車の完全気動車化と乗務員のワンマン化により、1997(平成9)年に無人駅となった。

全盛期には職員が演芸倶楽部を結成し、終業後の機関庫で上演会を行ったそうだ。列車の扉が手動だった頃は、ホームでうどんを買った人が、窓から飛び乗る光景も見られたとか。「今度来たとき払うから!」とツケで払う人もいたそうだ。

落合駅は豪雪地帯にあり、冬は極寒。待合室には大きな火鉢や石油ストーブが置かれていた。

駅舎のそばには鉄道寮があり、車掌や機関士、乗務員が常に寝泊まりしていた。彼らのための食堂や売店もあり、にぎやかだった。


便利と引き換えに、いろいろなものが失われた。全国の、あらゆる場所で。

備後西城駅で学生が7人乗る。車内がにぎわうかと思ったら、全員いっせいに下を向き、スマホ。

備後庄原駅で大量の学生が乗り、空席が埋まり立ち客も出ると、もはや秘境の感じでもなくなった。

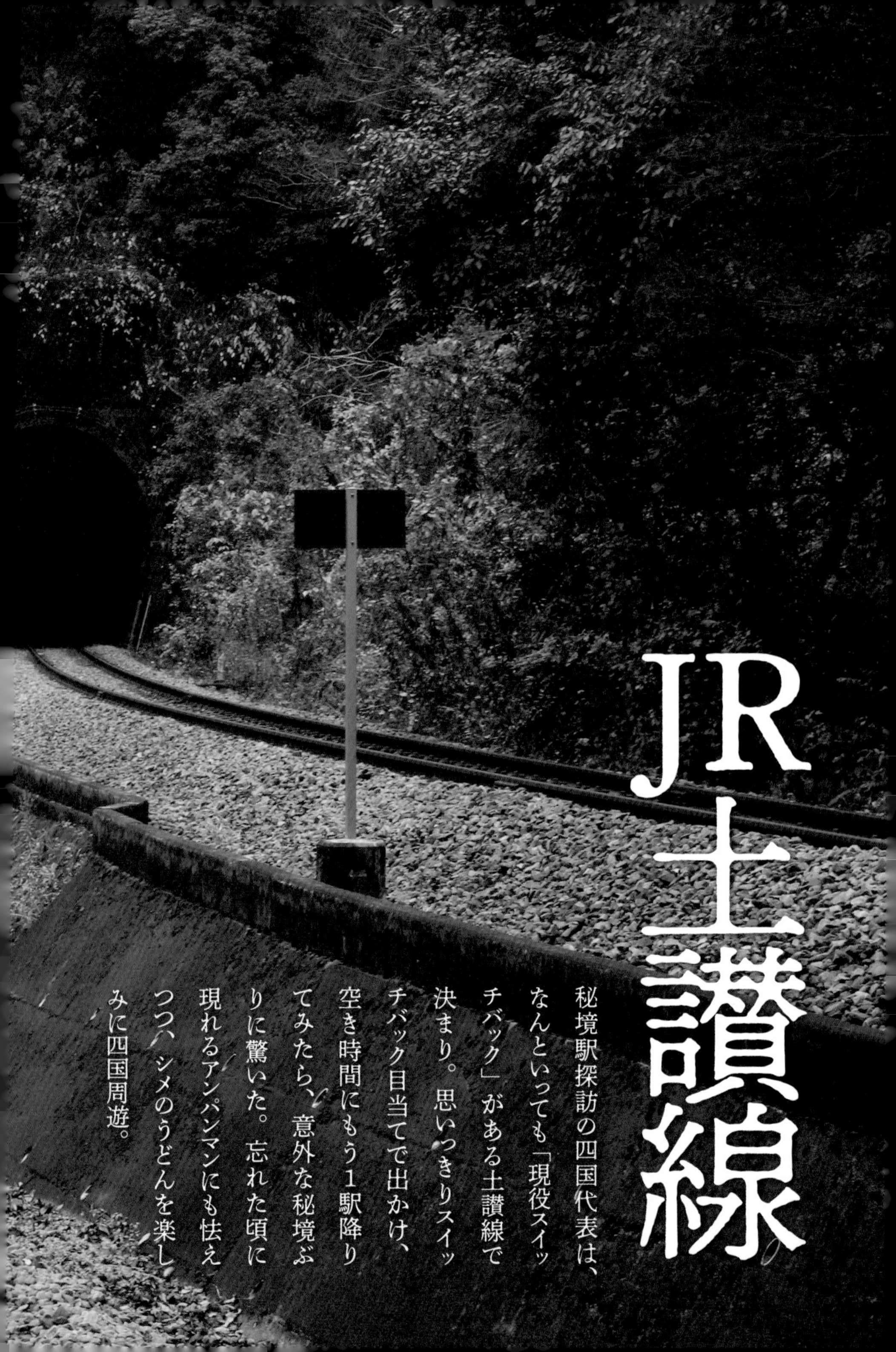

JR土讃線

秘境駅探訪の四国代表は、なんといっても「現役スイッチバック」がある土讃線で決まり。思いっきりスイッチバック目当てで出かけ、空き時間にもう１駅降りてみたら、意外な秘境ぶりに驚いた。忘れた頃に現れるアンパンマンにも怯えつつ、シメのうどんを楽しみに四国周遊。

危険
3

1日目

多度津 11時39分⬇坪尻 12時33分／13時52分⬇多度津

14時46分

「ほななんとかせえへんとなあ！」

「アレつこうたらええわ、アレ！」

うっせえええっ！

土讃線の起点・多度津を目指して、岡山から特急「しおかぜ」に乗ると、近くに大阪のバ●ー軍団！

「ナガノさんに言うたらナガノさんがなあ！」

「もらいもんやけどなあ、コレ！」

なぜそんなに大声でしゃべる？　なぜ関西ではない場所で、関西弁でわめく？　黙ったら死ぬのか？

隣のホームに、目も覚めるアンパンマン列車が滑り込むのと入れ替わりに「しおかぜ」は出発した。

「皆様、本日はご乗車ありがとうござい……」

「手ぶらじゃ行かれへんわあ！」どこへだよ！　アナウンスが聞こえねーんだよバ●ー！

落ち着かないまま瀬戸大橋を渡る。いざ四国へ。

香川県の多度津から高知を経て、同じ高知県の四万十町窪川に向かう土讃線。四国山地を越える路線で、途中に秘境駅がいくつかある。

多度津で11時39分発の土讃線・阿波池田行きに乗り換える。1両編成の車内は学生で満杯、みんな菓子パンやおにぎりを食べている。俺も朝の品川駅で「東海道新幹線弁当」を買ってきたが、第一下車駅の坪尻で食べよう。

ホームに『瀬戸の花嫁』のメロディが大音量で響く中、列車は出発。車窓は住宅街だが、その向こうにデコボコと連なる山が見える。

金蔵寺駅。畑と山と住宅地。自転車置き場に大量の自転車が置かれている。学生がたくさん降りる。

車窓に山が迫り、善通寺駅へ。駅前に大きなタコ焼き屋。客の7割が降りる。

山々の紅葉を眺めつつ、琴平へ。「こんぴらさん」の琴平。客の大半が降り、車内がガラーンとする。

瓦屋根の旧家が並び、塩入駅周辺は「農村」の雰囲気。そして木々の合間に分け入り、黒川駅へ。

駅前にビニールハウス、讃岐財田駅。乗客が数人降り、車内は俺を含め4人。そしてアナウンス。

「次は〜坪尻〜坪尻です〜」

坪尻 スイッチバックその1

減速して坪尻駅へ——着くのかと思ったら、線路の進行方向右側に、もう1本の線路が現れた。その線路を右手後方に折り返した先に、小さな駅のホームが見える。アレが坪尻駅？

そして線路は行く手に向かってさらに二股に分かれ、左に分岐する「本線じゃなさそうな」線路を進む。そしてそれなりに進んだところで、停まった。

ここで車両前方にいた運転手お兄さんと、もうひとり乗っていた車掌のオジさんが「ナントカカントカ確認よし！」「ナントカよし、ナントカよし！」と声を張る。その辺の鍵を開けて閉じて忙しそうだ。

運転手お兄さんが後方の運転席に移動し、列車は逆方向に動き始めた。そのままさっき分岐した本線と交差して、最初に見た「後方右側に現れた、もう1本の線路」を進んでいく。そして、その先にあるホームに停まった。

坪尻駅着。コレが噂のスイッチバックか。今さら俺が説明するのもアレだが、急勾配の斜面を、ジグザグに上り下りしながら進むための設備である。ダイヤの関係で、そこで列車交換ができると都合がよい場所に、設けられることも多いそうだ。

今や全国でも希少なスイッチバック駅が、土讃線に2駅ある。ここ坪尻と、明日下車予定の新改駅。

難儀な作業を経て到着した坪尻駅に降り立つ。高齢の婦人ふたりも降りるが、周辺の住人？　といっても駅前は、森が茂るだけ。

婦人コンビは「凄いわねえ」とか言いながら列車に戻り、そのまま列車は発車していなくなった。そして恒例、ポツンと残された俺。

木の枝をイーゼル風に組み合わせた、木製の駅名標が立ち「秘境の駅」の文字。ホームは紅く色づいたカエデの落ち葉で埋め尽くされて、端っこに意外にも喫煙スペースがある。ここまで来て煙草を吸うか？　と思ったら灰皿に灰の跡。

トイレがあるけど使用禁止。そして駅から延びる山道に「↓木屋床方面」の案内板が立つが、進んだ先は

スイッチバックの行ったり来たりを経て、坪尻駅に到着。車内を走り回った運転士さんに、とりあえずご苦労様

坪尻駅ホームと、段差がある2本の線路。右側の線路が「本線」で、列車はスイッチバックを経て左側に入線する

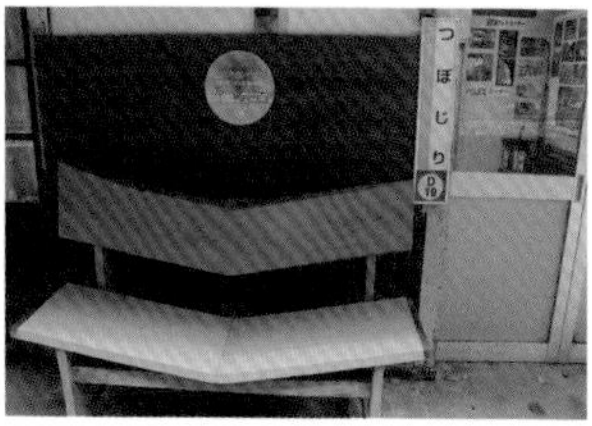

らぶらぶベンチ。ひとりで座っても、虚しさがつのるだけ。弁当を置いたら、傾斜に沿ってツツーッと滑った。普通のベンチを希望したい

ドアが朽ち果てかけたトイレは使用禁止。不安な人は下車前に、列車内のトイレで済ませておこう。秘境駅探訪前は、飲みすぎ食べすぎも控えたいものだ

アンパンマンも豪速でブレながら通過すると、本当に怖い。一度、なんとなくついていたテレビでアニメが流れていて、なんとなく見たら、けっこう残酷でエグかった

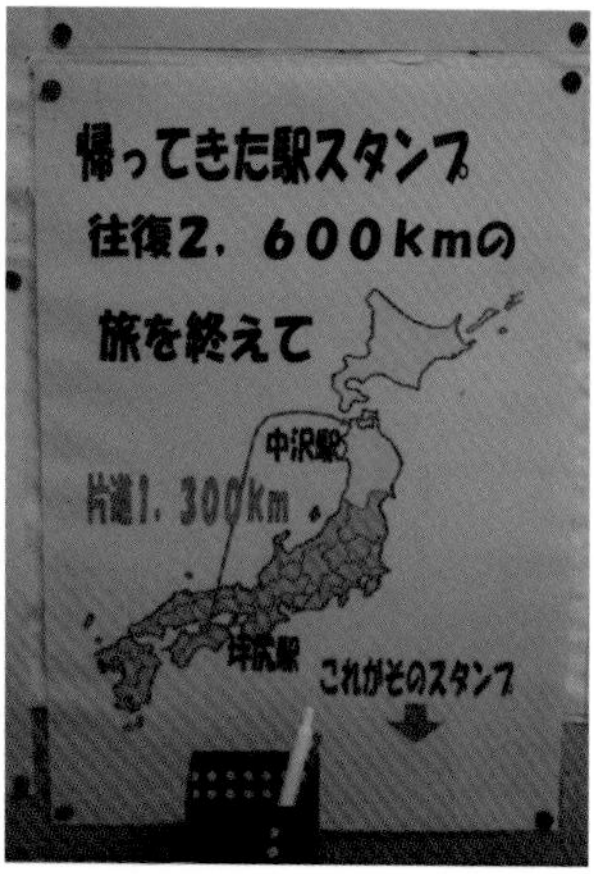

とにかく全国の秘境駅で、スタンプ盗難事件が多発している。犯人は青森の駅にわざと置いたのか、それとも忘れたのか。見つけた駅員さんがすごい

アマゾンでもヒットしなかった謎のCDと、浜口京子じゃなくて浜田恭子。何者なのか恭子。目深にかぶった帽子に秘めたメッセージは？　ああ恭子

森で、集落がある気配はない。「マムシ注意」看板も立つ道を歩き、駅と「木屋床」を日々往復する人は、いるのだろうか。

木造の駅舎は立派でベンチもあり、弁当も余裕で食べられそうだが「スズメバチ注意」の貼り紙も。マムシにスズメバチ、ヤワな都会者にはヘビーだ。

……これは？　中央がV字に窪んだベンチが置かれている。とても太った人が座った？　わけじゃなく、正解は「らぶらぶベンチ」なんじゃそりゃ！

確かにふたり並んで座ると、中央の窪みに向かって滑り、くっついてしまう。人気（ひとけ）のない秘境駅に降り立ち、らぶらぶするカップル……。その先の行為に及んでしまいそうだ（にゃはっ）。

恒例、待合室の壁に貼り物多数。時刻表は琴平方面行きが1日4本、阿波池田方面行きが1日3本。ほかに特急「四国まんなか千年ものがたり」が上下とも1日1本ずつ。8時29分発の琴平行きは坪尻に8時15分着、駅に10分以上滞在可能だ。

そして目に留まった「駅スタンプ放浪記」。待合室にあったスタンプが、2010年2月に忽然と消えた。だが2か月後の4月、スタンプはなぜか1300㎞離れた青森県の津軽線中沢駅で発見され、往復2600㎞の旅を経て坪尻駅に戻ってきた。

しかし2018年8月ごろ、2度目の失踪！　今は3代目スタンプが置かれているが、なぜ盗む？　盗んで満足する奴は、ただの変態だ。

3代目スタンプに、インクをつけ、手元のノートにペタン！　……うっすらとしか写らなかった。新しいインクの補充をお願いしたい。

続いて「坪尻駅の生い立ち」。元々は1929（昭和4）年に設置された信号場で、両隣の讃岐財田駅と箸蔵駅の間の距離が長いため、列車交換のため開設された。開設した場所は当初、鮎苦谷（あゆくるしだに）の川底にあり、導水トンネルを掘って川の流れを下方に変え、難工事の末に信号場ができた。

1950（昭和25）年、地元7町内会からの要望で駅に昇格。だが当時の運輸省の役人が「こんなところに駅をつくって、客は猿かイノシシか？」と言ったとか。それでも開業すると、野菜を売りに行く人や学生など1日100人ほどが利用し、駅員も10名近くいたそうだ。

だが車の普及と道路の整備、過疎化に伴い1970（昭和45）年に無人化され、寂れるまま現在に至っている。最近は「秘境駅」として知られ、わざわざ訪ねる旅人もいるが、かつての活況には程遠い。

駅は標高272mの地点にあり、駅から東西に山道が延びている。ただし倒木が行く手をふさぎ、雨が降ると地面がぬかるみ、足を滑らせ崖下に落ちる危険もあるとか。

さらに元々川底にあったためマムシが多く、噛まれると携帯電話で救急車を呼べても、駅に通じる車道がない。土地勘がないヨソ者が、冒険気分で散策することは、控えたほうがよさそうだ。

ほかに駅周辺で、テントを張って滞在しないよう呼びかける貼り紙も。そして坪尻駅を歌ったCDの宣伝ポスター。曲名は『秘境　坪尻駅で』歌うは浜田恭子──誰？

手元のスマホでググると「浜口京子ではありませんか？」と非情な検索結果が。気合だーっ！

さらに作詞、作曲、編曲を担当した謎のオジさん3人組の写真も。NPOナントカ音楽協会と書かれているが、恭子を含め何者なのか？

そして歌詞？　も書かれている。

♪愛を伝えたい　この坪尻駅で
愛に抱かれたい　この坪尻駅で
愛を咲かせたい　この坪尻駅で♪

愛を伝えようにも、駅前に人がいない。「作詞」ってほどのもんじゃねーな。とにかくひと通り見たので「らぶらぶベンチ」に座り「東海道新幹線弁当」を食べた。秘境駅で「新幹線」弁当を食べるのも、オツなものだ。途中でアンパンマン特急が豪速で通過し、豪速だとアンパンマンも怖いなと思った。

多度津行き普通列車が、再びスイッチバックを経由して到着。俺が乗ると扉が閉まり、再びスイッチバック作業、若い運転士が「ナントカよし！」と声を張りながら車内を走り──そのあとについて走るカメラおじさん客がいて、笑ってしまった。

さっきのご婦人コンビも乗っていて「いい写真、撮れました？」と声をかけてくれた。

鉄橋の上にある土佐北川駅ホーム。左の普通列車で来て、降りた数秒後に右の特急列車が通過して、俺としたことが縮み上がった

鉄橋上ホームから、長い連絡道を歩き、やっと地上に降り立つ

一般的な鉄橋にしか見えないが、目を凝らすと駅がある。土佐北川駅のありえない全景

細くて高くて、手すりが頼りない連絡通路を、容赦なく吹きつける寒風に耐えつつ歩く。地上はまだか？「駅前」が、ひたすら遠い

ホームから地上に下りて、穴内川に架かる橋の手前まで延びる砂利道。車も来ないし、安定感があるし、駅周辺でここだけがくつろげた

ホームから地上に向かう連絡通路の途中。高架道の下をくぐるため、昼間でも薄暗い。進んだ左手に、待合室がある

引き続き、ホームから地上に向かう連絡道の途中。川沿い、というより川の真上を歩き倒して、やっと地上に近づく

やっと列車が来て乗り、車両後部の窓越しに、土佐北川駅ホームを撮影。個人的にはここがいちばん秘境だったかも、高所恐怖症だから

2日目

宇多津 11時44分⬇(特急南風)⬇土佐山田 13時28分／13時43分⬇土佐北川 14時16分／15時02分⬇新改 15時33分／16時40分⬇阿波池田 18時16分／18時24分⬇(特急南風)⬇宇多津 19時05分

7時間半ぶりの普通列車！

宇多津で特急「南風」に乗り、駅弁を食べつつ土佐山田へ。「南風」は阿波池田と大歩危、土佐山田を経由して高知へ向かう。今日訪ねたい秘境2駅は、大歩危と土佐山田の間にあり、土佐山田まで行って折り返すと効率がよい。

列車が大歩危に停まる。駅前は断崖絶壁で、急斜面につっかえ棒のように土台の柱を立てて、家が立ち並んでいる。よくもここに家を建てたものだ。

四国内陸は険しい山々が連なり、わずかな隙間に集落が点在する。その山間部である阿波池田―土佐山田間を運行する普通列車は、極限まで少ない。

土佐山田で降りて改札を出て、切符を買って戻り折り返しの琴平行きに乗る。これを書かないと「不正乗車だ！」と鬼の首を取ったように騒ぐ奴がいるのだが、1回改札を出たんだ騒ぐんじゃねえ！

13時43分発の琴平行き普通列車。1本前の普通は6時16分発、7時間27分ぶりの普通列車だ。

極少列車にしては、学生が大勢乗っている。ボックス席に座る女子生徒が、コンビニ袋から取り出した昼メシは――おでん。もっと女子らしい昼メシにしてほしい。サンドウィッチとかサラダとか。

食べ終わるとナプキンで口を拭き、コンパクトを取り出してリップを塗り、ビューラーでマツ毛も整えてトイレへ。フルコース。彼女にとって、この車内のひとときはルーティンなのだろう。

列車が動き出し、車窓から市街が途切れ、森の中へ突入。ディーゼルエンジンがゴゴゴと唸る。

「次は新改です」とアナウンスが流れ、新改駅に着いたと思ったら通り過ぎて戻って、坪尻に続きスイッチバック！　様子はほぼ同じなので詳細は省く。

今日はここでも降りたいが、今降りると滞在時間が長すぎるので、まだ降りない。列車は新改駅を出発し、再び森に突っ込んでいく。

続いて繁藤駅。ホームに『高知線の歌』の歌詞が掲示されている。

マンガン礦や木材に　天秤村の名もたかく
蕨狩りゆく角茂谷　穴内川の清らかに

繁藤駅は、昔は「天秤駅」で土讃線は「高知線」だった。次の駅は、歌詞にも出てきた角茂谷駅。ここも森の中にポツンとある秘境駅だが、今回は降りない。本日の第一下車駅は、次の土佐北川駅だ。

「土佐北川〜、土佐北川です〜」

降りた。この駅も森の中——じゃない！

土佐北川 高所恐怖症にはキツい駅！

ビュウウウウウッ！

寒風がホーム上を吹き抜け、思わず身を縮める。駅は川に架かった鉄橋の上にあるのだ！

眼下遥か、鉄橋の下を流れるのは吉野川の支流、『高知線の歌』にも出てきた穴内川。鉄橋の上にある島式ホームが細くて長い。そして降りた直後！

ゴオオオッ！　特急「南風」が目の前を豪速通過！

高所の狭いホームで怖いぞ！

交換を終えて、いま降りた普通列車も出発し、吹きっさらしのホームにひとり残された。この日は12月1日、気温が急激に下がり、風が冷たい。

ホーム端っこの階段を下り、下界につながる通路を進む。橋の下の通路は昼でも薄暗く、途中のまだかなり高い場所に待合室がある。空中待合室だ。

時刻表が貼られ、この駅に停まる列車は上下とも1日5本だけ。ちなみに駅を通過する特急の時刻も書かれ、こちらは上下とも1日15本以上。

連絡通路は橋の側面に沿って、下界へと通じている。この通路を歩いて駅の外に出るわけだが、川に面した高所を通り、俺は高所恐怖症なので怖い。この駅前に、俺は住めない！

下を見ないで（怖いから）通路を歩き、やっと地上に降り立つ。砂利の駅前広場に穴内川をまたぐ橋が架かり、渡った先を国道32号が通っている。

国道沿いに「ラーメン」ノボリの食堂が見える。橋

新改駅のスイッチバック。交差する線路が、不思議な美しさを感じさせる

上・新改駅の、なんとも素っ気ない駅舎。同じスイッチバック駅の坪尻駅ほど、旅人を歓迎する雰囲気はなかった／左・駅前に生える木の枝に、大量の空き缶とペットボトルが差してあった。ちょっと不気味

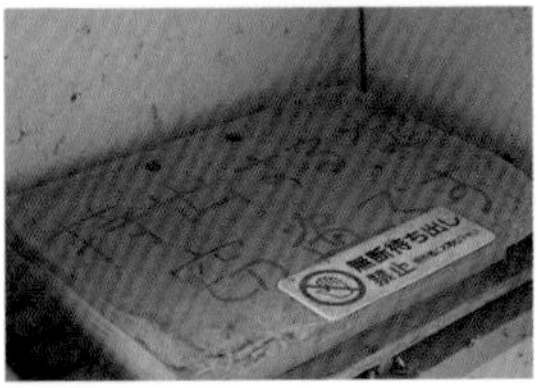

新改駅の待合室に置かれていた箱に、ブチ切れ気味の「持出するな」。開けると旅人ノートが入っていた

高松に戻る途中、車窓を流れた生首？にギョッ。狸伝説の里、阿波川口駅にて

はるばる高松まで戻り、玉子入り肉うどんで旅を締めくくった。本当は天ぷらをドバドバ入れたかったが、それは次回のお楽しみ

新改駅ホームの端っこから、スイッチバック線路のどん詰まりを見る。ブチッと切れて、その先は森。なんだか取りつく島もない

新改駅に俺ひとりを残し、列車が行ってしまう。そのパターンは、ここまでの旅で慣れたはずなのに、妙な心細さを覚えた

を渡り行こうと思ったが、今度は国道に歩道がない！　国道は道幅が狭く、トラックがバンバン通るので歩けたもんじゃない。早々と駅に引き返した。

なんという駅と駅前だ。ホームも国道も落ち着かない。ホッとひと息つけるのは駅前砂利広場だけ。

再び川沿いの高所通路を歩き、北風ビュービューのホームに戻った途端、またもゴオオオッ！　とアンパンマン特急が通過。強風、トラック、特急！

それでも全ての音が途切れた隙間を縫って、鳥がチュンチュンとさえずる声が聞こえた。

土佐北川駅は1960（昭和35）年に開業。だが土讃線の徳島〜高知間は、険しい渓谷の急斜面沿いを通るため、たびたび土砂災害に見舞われた。対応策として路線の一部が移設され、鉄橋が架橋され、北川駅は鉄橋の上に移された。

この旅も終盤に差しかかり、秘境駅にも慣れてきたつもりだったが、ここで新たなタイプの秘境駅を見るとは思わなかった。

新改　スイッチバックその2

再びスイッチバックを経て（詳細略）新改駅に着いた。ホームの片側に森が茂り、山が迫っている。

コケに覆われたホームをはじめ、坪尻駅よりも殺風景？　待合室の貼り物も「列車のご利用案内」と、時刻表と料金表だけ。ここに停まる列車は、上下とも1日3本。

そして壁に丸時計が架かり、脇に貼り紙が。

「持っていかないでください」

時計を持っていくアホがいる？　そして駅ノートが箱に厳重に保管され「持出するな　窃盗です」と書かれている。もしかして窃盗の限りを尽くされブチ切れて、待合室に何もないのだろーか。

駅の外へ出る。駅舎は飾り気のない小屋風で、出た正面に「ほっと平山1・3km」の案内板。

「ほっと平山」は宿泊もできる交流施設（あとで調べた）。新改駅から市道をダム湖方面へ12分下り、湖に架かる橋を「朝倉商店」方面に渡り、商店の左に架かる赤い欄干の学校橋を渡るとのこと。

往復40分くらい？　でも行って戻って次の列車に間に合うか微妙だし「交流施設」に俺が行ってどうする？というわけで「ほっと平山」までは行かないが、駅周辺を適当に歩いてみる。

というかこの落ち葉に埋もれた道が「市道」なのか。狭いし、片側に竹林が茂っているし。

——途中の道ばたに、廃車となったキャンピングカーが放置されている。なんでまたここに？

そして草に埋もれて鉄柵が道沿いに延びている。かつてこの鉄柵の向こうに、家があった？　さらにブロック塀も連なりだすが、やはり草に覆われ、塀の向こうに建物はない。

テントで囲まれた一角が唐突に現れ、重機が一台停まっている。廃車にも見える。

山道が分かれ「通行許可証を所持しない者及車両の通行を禁止する」と書かれた看板が立っている。「誰もいないのに、なんとなく人の気配がする」感じが不気味だ。映画『ブレア・ウィッチ・プロジェクト』をふと思い出し、速足で駅に戻った。

すると駅前に——さっきこんなのあったっけ？俺の身長くらいの、低木の枝の一本ずつに、空き缶が差さっている。クリスマスツリーのようだ。とにかく人の気配が全くないのに、人がいる？

辺りが薄暗くなり、冷たい風が吹く中で、列車を待つ。今日はここから高松まで戻る。高松に着いたら、熱々のうどんを食べよう。

16時40分発の琴平行き列車が予定通りに来て、ホッとしながら乗った。

第二次大戦末期、新改駅周辺は軍事要塞化されたらしいが、詳細はわからない。同じスイッチバック駅でも、坪尻駅ほど心弾むことはなかった。

阿波池田で特急に乗り換え、宇多津でさらに乗り換えて、高松に戻った。新改から実に所要3時間、狭いようで四国は広いのだ。

高松で玉子入り肉うどんを食べて、土讃線の旅を締めくくった。

JR日豊本線

JR肥薩線

夏に北から周り始めた
秘境駅探訪も、
冬が来る直前に九州に到達した。
そして旅の最後の最後で、
日豊本線の理解不能なダイヤに愕然！
時刻表を見て目が点になる、
ある意味「最強」の秘境駅で、
この旅を締めくくりたい。
でもそれだけじゃ難儀なので、
途中で温泉付き。

1日目

鹿児島中央 14時02分⬇竜ヶ水 14時17分／15時01分
⬇鹿児島中央 15時13分

大丈夫か九州

秘境駅探訪のラストは、鹿児島中央駅—小倉駅を結び、九州東岸を縦断する日豊本線。そして鹿児島中央駅のわずか2駅隣に、秘境駅があるという。

中央駅の日豊本線ホームに行くと、同じホームにJR指宿枕崎線の特急「指宿のたまて箱」が停車している。ネーミングのセンスは個人的に「むむ」って感じだが、せっかくなので撮影。

だがカメラを構えた次の瞬間、ファインダーに初老の自撮り夫婦が割り込む！ 自撮り棒を長々と伸ばし、列車をバックにハイチーズ。どけ！

しかし女房のほうが「撮れたかしら」と、その場で写真チェック。そして「もう1枚撮っとく?」と再び自撮り棒を……ええ加減にせい！

思わず「おい！」と声が出て、女房のほうが「何よもう」みたいな顔で、どいた。フザけろ。再び列車にカメラを向ける。

だが今度は子連れ家族が俺の前に立ちはだかり、列車をバックにスマホでパシャッ。ヤサぐれた茶髪母に再び「おい！」と言ってもシカト、存在感の薄い旦那は隣でボーッ。フザけろアゲイン！

やっとどいた。そして列車の扉が開くと、白い煙がモクモクと噴き出す！「玉手箱」だから? 全員ジジイになってしまえ！

日本はどーなるのか? とにかく14時02分発の普通・国分行きに乗る。車内は学生で満杯、秘境駅に行く雰囲気は薄い。

ホームの一角に、巨大なボンタン飴の広告。ガキの頃に食べたら奥歯の詰め物が取れ、親にさんざん叱られたのを思い出していると、列車は出発した。

「床に座る行為は危険です。おやめください」と車内アナウンス。床に座る奴が多いのか鹿児島は。

そしてすぐ次の鹿児島駅に着く。中央駅に続き周辺は都会だが、本当にこの次の駅が秘境駅?

それでも列車が出発すると、車窓から街景色が途切れ、トンネルに突入。抜けると車窓に森が茂り、進行方向右手に海が広がりだす。錦江湾だ。

「次は〜竜ヶ水〜竜ヶ水です－」

車内アナウンスが流れる。列車が森の奥に、何度も「プワーン」と警笛を鳴らす。

竜ヶ水 土石流の爪痕

俺と一緒に女子高生がふたり降りた。駅前に住んでいるわけではなさそうで、錆びた跨線橋の階段を走り回り、スマホでパチリ。映え写真撮影？

ホームは2面2線で跨線橋付き。線路に並行して国道が通り、その向こうに錦江湾が広がり、桜島が煙を吐いている。

国道を走る車は多いが、駅は寂れている。ザビザビに錆びた、駅名標と切符回収箱と改札跡。海が近いから錆びるのは仕方ないが、それを修復しようという意欲が感じられず「見捨てられた」雰囲気だ。

改札の近くに「SUGOCAなどICカードはご利用いただけません」と注意書きが掲示されている。JR九州のICカードは「スゴカ」なのだ。さらに「当駅は無人駅です」の掲示もある。

駅を出ると正面に、謎の創作物がテンコ盛り。子どもが描いたと思しき駅前風景画に、ウサギや犬やニワトリの置物、アイヌの木彫り人形など。その真横にお知らせが。

「この先の第一竜ヶ水踏切道は、歩行者の安全性を最優先に廃止します」

隣に「土石流の発生する恐れがあります」と書かれた看板もあり、何だか落ち着かない。

線路沿いに駅前を路地が横切る。路地の片側は線路で、片側は崖。圧迫感が半端ない。

路地を歩く。崖の斜面の草むらに——石段の跡？　上った先は草が茂るだけで、何もない。

続いて斜面に、家がポツンと1軒。その先で路地は草に埋もれて行き止まり、仕方なく引き返す。その途中に、またお知らせ。

「急傾斜地崩壊危険個所／がけ崩れが発生する危険があります」

何があったのか、ここで。

踏切を渡り、坂道を上った先に竜ヶ水駅がある。だが道の行く手には山がそびえるだけで「そこに駅がある」雰囲気は、まったくない

跨線橋の階段の途中から、竜ヶ水駅を見下ろす。路線に沿って間近に、錦江湾が広がるのがわかる

普通列車が近づいてくるが、竜ヶ水駅には停まらず、アッサリ通り過ぎた。ホームに立つ俺を車内から、珍しそうに見る客がいた

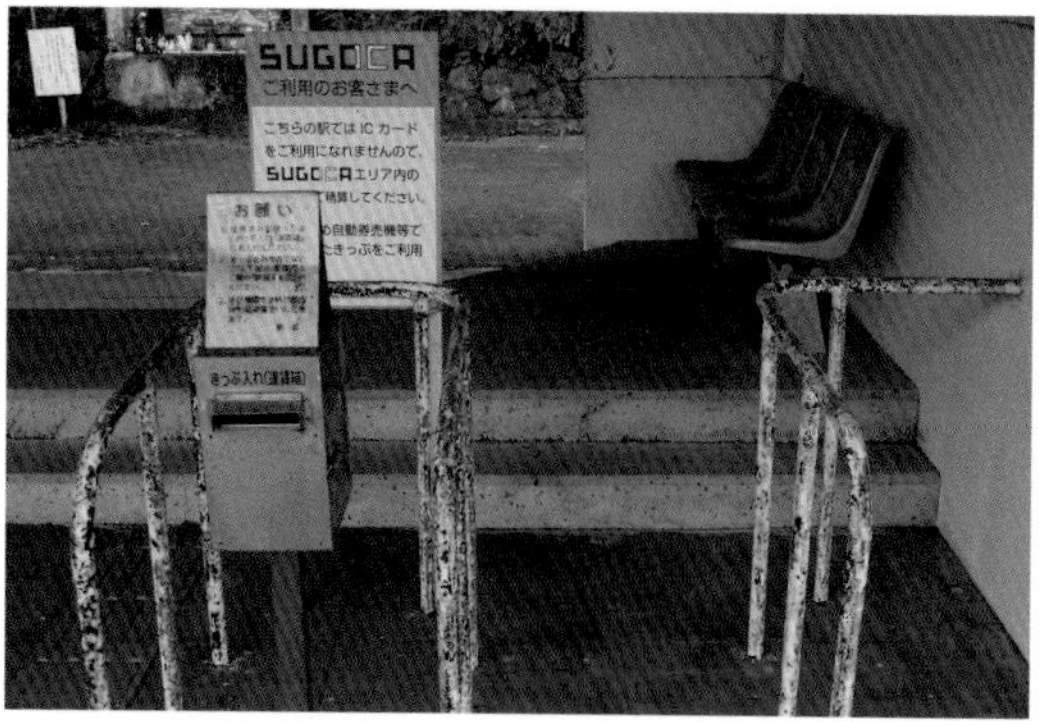

ザビザビに錆びついた改札の跡。もちろん駅員さんはいなくて「ICカードは使えない」と知らせる看板だけが、妙に新しい

海側のホームから見る竜ヶ水駅。背後すぐまで山が迫っている。この山が崩れて、駅に襲いかかった

竜ヶ水駅災害復旧記念碑。だが駅利用者が少ないので、これを見る人も少ない

竜ヶ水駅の裏手から、山側に延びる階段。ただし上った先は森が茂るだけで「目的地」は見当たらない。いずれこの駅は、消えゆく運命なのだろうか

竜ヶ水駅前を横切る「駅前通り」に、ガラクタ？ が雑然と放置されていた

駅のほうに戻り、駅前を素通りしてさらに進むと下り坂になり、小さな踏切を渡る。坂道を下りきると国道10号にぶつかり、途端に車の喧騒が辺りを包む。トラックの轟音、またトラック。

国道沿いのガソリンスタンドの看板に「軽油専門店ばか安」の文字。「ばか安」は店名か、ただの宣伝か。目にしたものは、それくらい。駅に戻る。

踏切の遮断機の脇に「非常ボタンをイタズラで押さないで」の看板。押したら「イタズラ」では済まないが、押す奴がいるのだろうか。

跨線橋に女子高生がまだいて、走り回っている。俺は跨線橋を渡り、鹿児島中央方面行きホームへ。

橋の通路のど真ん中に、ふたりの荷物がぶん投げられて、ジャマくさい。だがふたりは荷物をどける様子もなく「スキマを通れ」と言いたげな表情。

中央駅行きホームは半分以上が雑草に覆われ、列車を待つスペースが狭い。何だろう、この駅は。

——石碑が立っている。竜ヶ水災害復旧記念碑。

1993(平成5)年夏、鹿児島県は記録的豪雨に見舞われた。竜ヶ水地区では土石流が発生し、日豊本線そして並走する国道10号に襲いかかった。

竜ヶ水駅に停車中の列車2本が錦江湾まで押し流され、車両3両が押し潰され大破。だが不幸中の幸いで、330人の乗客は直前に脱出していた。

日豊本線は9月に復旧したが、駅周辺の集落から大半の家屋が移転した。今は草木だけが繁殖しまくっている。

中央行きの列車に乗り、トンネルを抜けると、車窓は都会の風景に戻った。

竜ヶ水駅では切符を持たず(買えないから)列車に乗ったので、中央駅の有人改札で精算する。だが俺の前に70歳くらいのオッサンがサッと横入り。

「俺が先だよ！」と怒鳴ったがシカトされ、若い駅員もオッサンの対応を先に済ませる。済ませんな。

さらに構内のカフェでレジに並んでいると、やはりバ●ーがサッと横入り。「並んでいます！」と言ってもシカト。どうなっているのか、この街は。

車内座り込み、警報器イタズラ、跨線橋女子、割り込みジ●ーとバ●ー。そして、やる気のない駅。

鹿児島は好きな場所だけど、何が起こったのか。列車を停める以上は、駅の手入れをしろよ。


竜ヶ水駅がある鹿児島市吉野町では、2024年度に新駅が開業する予定だそうだ。

竜ヶ水駅は、いずれ廃止され、忘れられていくのか。事故のことも、そこに駅があったことも。

2日目

鹿児島中央 8時10分⬇**隼人** 8時45分／9時06分⬇**表木山** 9時19分／9時51分⬇**隼人** 10時02分／(以下、遅れ発生) 11時17分⬇**都城** 12時05分／12時25分⬇**青井岳** 12時54分／14時49分⬇**宮崎** 15時22分／15時36分⬇(**特急ひゅうが**)⬇**延岡** 16時41分

肥薩線の起点、隼人駅へ

鹿児島から日豊本線を北上する途中で、隼人駅から肥薩線の秘境駅に寄り道していこう。そもそも九州では肥薩線を中心に、秘境駅を周りたかった。

九州南部内陸を縦断する肥薩線は、秘境駅の宝庫だ。しかし2020年7月の豪雨被害で八代—吉松間が不通になり(2022年12月現在)訪ねたい秘境駅の大半が行けなくなった。

だが運行中の隼人—吉松間にも秘境駅があるらしい。隼人から2駅目の表木山駅。

まず鹿児島中央駅8時10分発の普通・国分行きに乗る。竜ヶ水駅には停まらない。

——前夜に天文館の居酒屋で、店主に「竜ヶ水に行った」と話すと「今も駅はあるんですか?」と素っ気ない反応だった。さらに「表木山に行く」と言っても「どこですか、それ?」と聞かれる始末で、鹿児島県民でもそんな感じなのだ。

列車が動き出して「床に座る〜」アナウンスが流れ、車窓に桜島を見つつ北へ。正面に茶髪お姉さんが座り、

表木山駅の出入口に、切符を入れる集札箱と、ひとり用？ の可愛いベンチ

木々が茂る向こうに、表木山駅の小さな駅舎が見える。簡素だが、不思議と懐かしさを感じさせる駅だ

表木山駅のホームは2面2線だが、端っこのほうは2面とも草に覆われていた

巨木がそびえる表木山駅前。駅を出てすぐ民家があり、人の話し声も聞こえた

ホームの端っこから、駅のほぼ全景を写真に収める。線路と線路の間に生えまくる草が気になるが、それでも肥薩線の貴重な運行区間なのだ

駅の片側は集落だが、片側は山。そういえば鹿児島空港が近いことを、忘れていた

隼人行き列車が無事に「2のりば」に来て、ホッとひと安心。列車を待つホームを間違えたら大変だ

ピンヒールを脱いでリラックスしている。

竜ヶ水を無情にも通過、と思ったら停まった。だが扉は開かず、列車の交換を待って発車。停まるならドアを開けても減るもんじゃないと思うが。

隼人に着き、肥薩線に乗り換え——ここで予期しないアナウンスが流れる。

「宮崎方面で停電発生のため、日豊本線に遅れが生じています」なに？

このあと表木山から隼人に折り返し、日豊本線で宮崎方面に北上したいが、探訪予定の餅原駅と青井岳駅に行けるのだろうか。

朝6時台に南延岡駅で停電が起こったそうだ。だが、中央駅を出る時は、そんなことは言っていなかった。

探訪駅を絞ろうか。でも温泉がある青井岳には行きたい。とにかく表木山に行ってしまおう。

肥薩線の吉松行き列車は出発し、日当山駅を過ぎると市街が途切れる。山の隙間に吸い込まれるように進みトンネル突入、抜けると表木山駅に着いた。

表木山 駅前に花とポエム

駅の片側に山が迫り、そこだけ見ると秘境だが、反対側には集落があり秘境というほどでもない。それでも列車が行ってしまうと静まり返り、小鳥の声だけが聞こえる。滞在時間は32分。

ホームは2面2線で、折り返しの隼人行きは、いま降りたホームの向かい側ホームから出るはずだが……雑草がボウボウに生え放題だ。使っているのかな、このホーム。うっかりそっちのホームに行き、列車がこっちのホームに来たら大変だ。

時刻表を見ると、いま降りた吉松行きは「1のりば」発で、戻りの隼人行きは「2のりば」発。ただしホームに「1」「2」の番号は見当たらない。もっとわかりやすくしろよJR九州。

待合室の壁に、70～80年代の列車や駅の写真パネルが並んでいる。煙を吐くSLのモノクロ写真、木造瓦屋根の立派な駅舎。いまいる駅舎は簡素だが、昔は大きな駅舎があったのだ。

そして周辺マップを見ると、西側4・6㎞先に、なんと鹿児島空港がある。徒歩で1時間10分とあるが、ここから徒歩で向かう人はいるのだろうか。

時刻表の片隅に「吉松〜八代は運行を行っておりません」の一文が。被害状況は深刻で、復旧には莫大な経費がかかるそうだ。そして復旧しても利用者が少なく、採算が取れない可能性が高い。

肥薩線は復活できるのだろうか。

最近は毎年、日本のどこかで天災被害が起こり、鉄道が寸断されている。

集札箱の横に「開設50周年記念碑」が立ち、建立日は1966年9月11日、俺の1歳の誕生日！（「きゅうてんいちいち」生まれ）。表木山駅は1916年に信号所として開設され、のちに駅に昇格した。100年超の歴史がある駅である。

駅を出ると正面に、ここも「急傾斜地崩壊危険箇所」の警告看板。だが自治会作成の看板が並んで立ち、ポエムが書かれている。

咲かせよう　心の灯　古里の花
近くに椿の木がそびえ、花が咲き乱れている。苔むした民家の庭を、猫が我が物顔で歩いている。この家に住人はいるのだろうか。

と思ったら車が来て、その家の前で停まった。お兄さんが降り、プロパンガスを届ける。「どうもー」と声がする。

ゴミ収集所があり、花壇に花も咲いている。

秘境じゃない。でも「秘境じゃないじゃん」なんて無粋なことは言わない。

駅に戻ると「2のりば」に列車が来て、無事に乗った。そういえば西側に空港があるはずだが、そんな気配は微塵も感じなかった。

青井岳　徒歩10分で温泉へ

隼人駅に戻り、都城まで特急券と乗車券を買う。その先の餅原駅と青井岳駅で降り、夜は延岡に泊まりたいが、遅れは解消しただろうか。特に案内もないので、ホームで特急「きりしま」を待つ。

だが特急出発予定の10時32分に、アナウンス。

「大幅な遅れが発生しておりまして、列車はまだ鹿児島中央駅に停車中です」早く言え！

餅原は下車断念、でも青井岳は降りたい。とにかく

上・青井岳駅から温泉に向かう途中、日豊本線の高架を見上げる／中・青井岳駅のホームと、跨線橋を渡った先にあるのが待合室。簡素だが、秘境ってほどでもない／下・駅から徒歩5分ほどで国道に出ると、まず弁当屋がある。温泉にもレストランがあるし、食いっぱぐれる心配はない

青井岳駅に戻ると、宮崎行き列車が待っていた。湯冷めしないうちに、列車の中へ

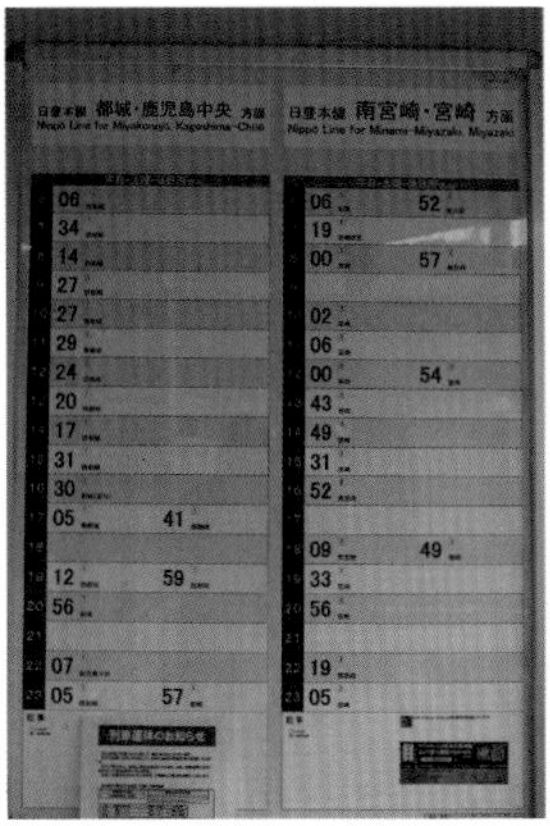

青井岳駅の時刻表。秘境駅探訪に慣れてしまったので、列車の本数の多さに感動する

青井岳駅から短い階段を下りて、集落に出る。木々の向こうに駅の跨線橋が見える

延岡で一泊し、古いアーケード街でチキン南蛮の晩餐。駅前は猛烈な勢いで開発中。昔からの店は、さらになくなってしまうのか

温泉に気を取られていたが、駅の近くには青井岳がそびえているのだ

特急が来たら乗り、都城に着いてから考えよう。

特急は45分遅れ、11時17分に隼人に着いた。都会と違い「振替輸送」なんてないから、ローカル線が予定通りに来ないと大変なのだ。とにかく特急に乗り、都城に着く頃には運行も落ち着き、普通・宮崎行き列車が来て乗ったのだった。

ちなみに都城駅はJR吉都線の起点でもあり、改札口に「キット願いかなう」と、願掛けの絵馬が大量に供えられていた。大半が「合格できますように」とか普通だったが、変なのを2枚発見。

1枚目、ただ一言「ワキガ」。治したいのか、それとも体臭フェチでワキガになりたいのか。

2枚目「西君が赤点をとりますように」呪いか？　呪いは自分に跳ね返ってくるが、大丈夫だろうか。

列車は宮崎方面に向かい、途中で餅原駅に停車。ホームは草ボウボウで、周辺は畑だが、集落も見える。そんなに秘境じゃない。

そのまま青井岳駅に向かう。森の中を進み、行く手に山が見える。あれが青井岳だろうか？

とにかく車窓は秘境になり、列車はトンネルをくぐって抜けて、警笛をプワーンと鳴らす。

青井岳駅で降りた。山が迫り、まあまあ秘境か？　でも島式ホームと駅舎に跨線橋が架かり、駅はなかなか立派だ。駅舎に「ようこそ青井岳駅へ」と書いた紙が貼られている。

時刻表を見る。列車は1時間に1本ペースで、秘境駅にしては多い。そして駅を出ると正面に「いらっしゃいませ　青井岳温泉」の大看板。下の道に続く階段を下り、左へ600m進めば温泉に着くそうで、電話をすれば送迎もあるとのことだ。

でも600mなら送迎は必要ない。温泉へGO！　階段を下りると家が数軒あり、途中に愛宕神社の小さな赤い鳥居が立っている。道は国道269号に突き当たり、弁当屋と「古今料理」看板を掲げる店もある。国道を進むと「とろみの湯」と書かれたノボリがはためき、すぐ温泉に着いてしまった。

瓦屋根の立派な温泉施設で、車が何台も停まっている。秘境じゃないが、どうでもいい。温泉へ！

いい湯だった。確かにとろみのあるお湯で、お肌スベスベ。ジャグジーに電気風呂、歩行風呂にサウナ、露天風呂と盛りだくさんで、湯上がりにレストランでトンカツ定食も食べて大満足！

そしてなんと、温泉の前に宮崎行きバスが来て、10分後に出るという。乗ろうかと思ったが、俺は日豊本線に操を捧げた身だ。再び600mを歩き、青井岳駅に戻った。

駅に着くと宮崎行き列車が交換待ち。運転士のお兄さんがホームに立ち、大きなアクションで体操をしていた。お疲れ様。

リニア実験線と、延岡駅の激変

宮崎駅で特急「ひゅうが」に乗り換え、延岡へ向かう。途中の東都農《ひがしつの》駅近くから、ビニールハウスが並ぶ畑の脇を、謎の高架道が日豊本線と並走。無数のソーラーパネルが装着された、この道は？

正体はリニア実験線。国鉄時代の1970年代に開設され、1996（平成8）年まで走行実験が行われた。だが運輸大臣時代の石原慎太郎が試乗して「鶏小屋と豚小屋の間を走る実験線では、十分なことはできない」と暴言を吐いたとか。二度とトンカツも焼き鳥も食べるな（あ、死んだっけ）。クソ発言のせいなのか、この実験線での実験は終わり、今は太陽光発電に利用されているそうだ。

リニアか。品川と名古屋を40分で結び、速いけど駅弁を食べるヒマもない。そこまで高速で移動する必要があるのか。

そうやってどんどん、鉄道に旅情を求めない時代になっていくのだろうか。

延岡駅の激変ぶりに驚いた。6年ぶりの再訪だが駅舎が巨大化そしてスタイリッシュになっている。大きなガラス越しに見える2階の施設は、ブックカフェ？俺の本は置かなさそうな雰囲気だ。

1階のショップでは、間接照明に浮かぶ特産品コーナーに、6年前はなかった「特産品」がズラリ。からすみソース、アヒージョ、ナッツ&ハニー、ミントティー。木箱入りメープルシロップが6000円超え！うっかりホットケーキも焼けないな。

宗太郎駅ホームの、待合スペースのベンチに並ぶ、メッセージが書かれた石。皆さん、列車で来たのだろうか

小雨降る中、今回のラスト探訪駅、宗太郎駅に降り立つ。乗客が全然いない特急車両(でも運行は普通)が、俺を置いて出発する

ホームは2面2線で跨線橋がある。延岡に戻る列車を待ちながら「こっちのホームでいいんだよな」と、少し不安になった

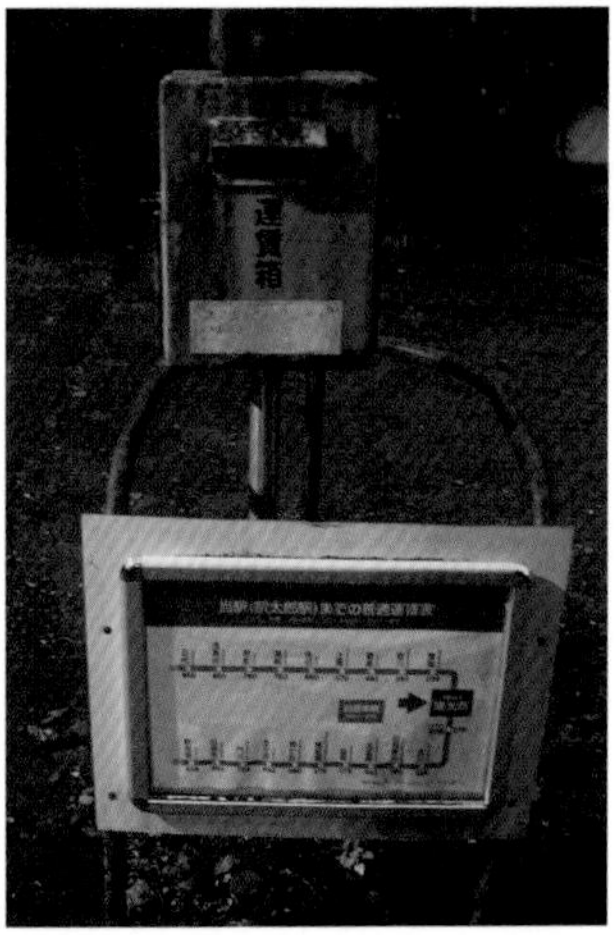

雨ざらしの運賃箱と、運賃表。とにかく列車本数は極限まで少ないが、最低限のものは一応そろっている

夜が白々と明ける中、延岡に戻る列車を待つ。無事に乗り込むまで油断は禁物。延岡行きは1日1本、この列車だけだ

やはりオシャレな待合室で、大型ビジョンが花の画像をクッキリ映し出している。いっぽうで駅前に並んでいた、古い居酒屋や食堂は減っている。

急ごしらえ感が漂う新しい食堂は、客で満杯。メニューに「こだわり」がビッシリ書かれている。米にこだわり、味噌汁も漬物もこだわり――。

旧市街のアーケード通りに行くと、大半の店がシャッターを下ろす中で、古い洋食屋が開いていた。メニューに延岡名物のチキン南蛮もある。

楕円形の銀色の皿に乗って、チキン南蛮が出てきた。タルタルソースがたっぷり、ご飯に合う。ガフガフ食べていると、初老の奥さんが「おいしい?」と、ぶっきらぼうな口調で聞く。

「駅前、変わりましたね」と言うと、奥さんは「そうね」とだけ答えた。食べ終わると、厨房からご主人も出てきて「アイスまだやったな」と言う。なんと定食は全て、アイス付き。

台座付き、銀色の懐かしい器に盛られ、抹茶アイスが出てきた。昔はたまにしか行けない外食でアイスを頼むと、こんな器で出てきた。

――なぜ駅を変えるのか。変えないと、鉄道離れに歯止めをかけられないのか。

こってりしたタルタル味の、チキン南蛮のあとに食べる抹茶アイスは、格別に美味かった。

3日目

延岡 6時10分➡**宗太郎** 6時39分/6時54分➡**延岡** 7時26分

早朝、夜明け前の延岡駅から

早朝5時45分、延岡駅。闇の奥にスタイリッシュ駅舎の明かりが、ポワンと浮かんでいる。1階のオシャレ待合室のイスに、寝転ぶ女子がふたり。

この日は日曜、列車を待っているわけではなく、徹夜明けで力尽きたのだろう。オシャレスペースも使われ方は、コンビニのテーブルと同じだ。

時刻表を確認する。大分方面行き普通は、6時10分の佐伯行き。そのあとは赤字で書かれた特急の時刻だけが並び、普通列車はしばらくない。

今回の旅のラストは、延岡から佐伯方面へ5駅の宗太郎駅。普通しか停まらず、6時10分の佐伯行きを逃すと、なんと夜の20時台まで列車がない。

宗太郎駅に停まる列車は、6時台の佐伯行き上りと延岡行き下りが1本ずつ。そして20時台の佐伯行きが1本、計3本。なんというダイヤだろう。

6時。どこかの寺の鐘がゴーンと鳴り、1日が始まる。だが辺りは、まだ暗い。

「佐伯行き列車は特急車両4両編成で参りますが、先頭車両しかドアは開きません」

ホームにアナウンスが響き、緊張する。本数極小の列車だけに、乗り間違えは命取りだ。そして宗太郎駅での滞在時間は15分、俊敏に動かなければ。

宵闇をライトで照らし、列車が来る。ライトの灯りが、小雨を照らし出す。いつの間にか、雨が降り出していたのだ。旅の最後の最後で雨か。

4両編成の特急車両が停まり、1両目のドアだけが開いた。1駅手前の南延岡始発のため、先客が2人いる。延岡で俺と、もうひとり乗り、客は4人。

特急車両のシートに身を沈める。早起きして眠いが、眠ったらアウトだ。都会と違い乗り過ごすと、簡単には引き返せない。

1駅めの北延岡へ。まだ闇の中、ひとり乗る。長い警笛を鳴らし、列車が減速。シカが出る？　滞在時間が15分しかないから、遅れないでほしい。

夜がうっすらと明けて、車窓がボンヤリ見えてくる。日向長井駅着、駅前は住宅地だ。

北川駅。やはり住宅地で、武家屋敷風の立派なトイレがあり、アパートもある。でも列車は少ない。

続く市棚駅も周辺は住宅地だが、森に囲まれている。そして次はいよいよ、宗太郎だ。

宗太郎　1日往復3本

6時39分、宗太郎駅で下車。辺りはまだ暗く、そして小雨が頬を濡らす。

どんなに簡素な駅かと思ったら、ホームは2面2線で跨線橋付き。とにかく15分しかないので、駅と周辺の景色を、小走りで見て周る。なぜ秘境に来て急がなければならないのか。

ザビザビに錆びついた、切符回収箱。

トイレの壁に時刻表。上り大分方面は6時39分、その次は——20時35分。下り延岡行きは6時54分の1本だけ。宗太郎から延岡へは日帰りできるが、佐伯には1泊しないと行って帰ってこられない。赤字や鉄道離れを嘆く前に、このダイヤで客を呼ぶ気はあるのだろうか。

ホームの端っこ、草が茂る中に古い記念碑が立っている。初代駅長を称える碑石らしいが、暗い上に文字が消えかかっているので、読み取れない。

跨線橋から周辺の景色を見下ろす。意外にも住宅地で、それなりに家が並んでいる。そして、どの家からか——お経の声が聞こえてくる。

駅の間近に住む人が、たぶんいる。それでなぜこんなにも、列車本数が少ないのか。

屋根付き待ち合いスペースに、メッセージを書いた石がズラリと置かれている。

「訪問記念」「もう一度来たい!」「念願の宗太郎駅」「廃止しないで」

そして「秘境駅　何もないが、何かある」

かつて近隣の山の見回りをした人が「宗太郎」という名前だったそうだが、諸説あり。1923（大正12）年に信号場として開設され、1947（昭和22）年に駅になったとのこと。

あっという間に15分が経ち、空が白み始める。駅前の集落風景がはっきりと見えてくる中、折り返しの延岡行き列車が来た。

延岡駅に戻ると、反対側のホームに「ななつ星」が停まっている。車体に金色の星型オブジェが装着され、ギンギラギンに豪華だ。気になる行先は「新たな人生」って、なんじゃそりゃ。

朝メシを食べて、大分行き特急に乗り、延岡を出発した。特急なのに客は俺を含め3人しかいない。

途中の駅前に、家はある。要は延岡—佐伯間を行き来する人が少ないから、列車も極少なのだろう。

途中で宗太郎駅を通過。速すぎてわからなかったが、駅前の家々は、空き家が多そうだと思った。

佐伯駅に着くと、けっこう人が乗ってきて、車内はようやくにぎわい始めた。

あとがき

駅を「秘境」にしないために

冬が本番に突入する直前に九州にたどり着き、旅を終えた。豪雪に包まれた真冬の秘境駅にも行こうかと思ったが、読者が追体験して危険を伴う取材は避けようと思い、行かなかった。本書では熊が現れる駅前や、険しい山道の「駅前通り」の紹介もしたが、安全に万全を期して下車していただきたい。

俺は鉄道旅が専門ではないと言い訳しつつ、実は旅を始めてから「秘境駅」というジャンルを切り拓いた先駆者がいることを知った。勉強不足にも程があるが、自分らしく「車を使わず全て列車で訪ね、駅前も自分の足で歩く」旅をすればいいと開き直って書いた。この本ならではの面白さを感じていただければ幸いである。

表題の通り「途方に暮れる」寂寥感に、旅情を感じる秘境駅だが、そもそもなぜその駅が「秘境」になったのか？　背景に「鉄道離れ」がある。今や日本の移動手段は地方ほど、車に傾いている。

なぜ鉄道より車なのか。それは都合のいい時間に都合よく移動できるから。定時運行の鉄道ダイヤなどに、自身の都合を合わせてはいられない。列車の本数が少なければ、なおさらだ。

そうして鉄道の利用者が減り、赤字に陥れば列車本数も減る。減便すれば使い勝手が悪くなり、利用者はさらに減る。この悪循環から抜け出せず、ズルズルと「鉄道離れ」が進み、多くの秘境駅が生まれてしまったのではないだろうか。

――ここ数年、飛行機や新幹線で移動するたび、子どものマナーの悪さに辟易する。ドタバタと走り回り、わめいて叫んで大音量でゲーム、そんな子どもの親はたいていスマホに夢中だ。その原因のひとつが「どこへでも車で移動することの習慣化」だと常々感じている。

俺たちが子どもだった昭和40年代、自家用車は普及していなくて、外出といえば列車だった。シートにヒザ立ちして車窓を見たい時は、隣の人に靴底が当たらないよう靴を脱ぎなさい。騒がないで静かにしなさい。走り回らないで、迷惑でしょ。

列車は家や学校と違い、子どもが初めて体験する「公共の場所」であり「マナー」をしつけられる場面が多かった。だが車の中は家と同じで、子どもは家にいるのと同じように、奔放に過ごしている。その感覚のまま飛行機や新幹線に乗るので、同じように奔放に振舞ってしまうのだろう。

そんなことも含め、日本の民度の低下と「鉄道離れ」が、リンクしているように思えてならない。列車の決められた運行時間などに、合わせていられるものか——秘境駅大量発生の背後に「身勝手」が存在するとしたら、旅情を楽しんでもいられない。

また本文でも何度か触れたが、一部の旅人や鉄道ファンのために税金を投入して、駅を維持管理することに賛成できない地元の人がいて当然だ。個人的に旅の途中で「生活利用者がいなくなった駅は、廃止するべきじゃないだろうか」と何度も思った。

だが一方で、せっかく設置した駅を壊すくらいなら、使うほうがいいとも思う。小幌や土合など観光地化されすぎた駅に否定的な意見も書いたが、たとえ観光客でも利用者がいるなら、それに越したことはない。その結果、秘境駅が秘境でなくなっても、それはそれでいいとも思う。そもそも駅が「秘境」であることのほうが、おかしいのだから。

そこで問題となるのがマナーの悪さだ。一部訪問者のマナーの悪さは言語道断、駅ノートやスタンプを盗んで何が楽しいのか。果ては淫乱そして排泄行為まで、映え写真や動画撮影が目的なのか知らないが、自分の行為が「犯罪」だと自覚してほしい。

鉄道側も駅を存続させるなら、ダイヤに一考を願いたい。特に女鹿、桂根、宗太郎！　このダイヤでは誰も、利用しようと思わない。

普段は沖縄や島の本を書いている自分が、このジャンルに乱入していろいろ書いてしまったが、普段は鉄道本を読まない人にも手に取っていただければうれしい。今後も加齢に逆らい、体力勝負の旅の本を書いていくので、引き続きご愛顧ヨロシク！

２０２３年５月

ＧＷ中の、やや閑散とした近所のカフェで

カベルナリア吉田

カベルナリア吉田

1965年北海道生まれ、早大卒。雑誌編集者を経て2002年からフリー。沖縄と島をはじめ、日本全国を「自分の足で歩く」旅を重ね、紀行文を発表している。近著は『アイヌのことを考えながら北海道を歩いてみた』(ユサブル)、『新日本エロい街紀行』(アルファベータブックス)。ほかに『何度行っても変わらない沖縄』(林檎プロモーション)、『絶海の孤島』(イカロス出版)、『沖縄の島へ全部行ってみたサー』(朝日文庫)など。「勢太郎の海賊ラジオ」で番組「カベルナリア吉田の、たまには船旅で」随時配信。早稲田大学社会人講座で講義も行う。趣味はレスリング、バイオリン、料理。175cm×80kg、乙女座O型。

秘境駅で途方に暮れた

2023年6月30日 初版発行

著者 カベルナリア吉田
発行者 山手章弘
発行所 イカロス出版
〒101-0051 東京都千代田区神田神保町1-105
電話 03-6837-4661(出版営業部)

印刷·製本所 図書印刷

デザイン[カバー&本文] 長尾純子